Huis Schuylenburch

DUMONT

Huis Schuylenburch

Residenz des deutschen Botschafters in Den Haag   Residentie van de Duitse ambassadeur in Den Haag

Auswärtiges Amt

Bundesamt
für Bauwesen und
Raumordnung

6 EIN PRÄCHTIGER RAHMEN FÜR DIE DEUTSCH-NIEDERLÄNDISCHEN BEZIEHUNGEN
EDMUND DUCKWITZ | FLORIAN MAUSBACH
EEN PRACHTIG RAAMWERK VOOR DE DUITS-NEDERLANDSE BETREKKINGEN

12 PREUSSEN, DEUTSCHLAND UND DIE NIEDERLANDE
Bemerkungen zu einer asymmetrischen Beziehung
HORST LADEMACHER
PRUISEN, DUITSLAND EN NEDERLAND
Opmerkingen over een asymmetrische relatie

44 DAS HAUS SCHUYLENBURCH
Regenten als architektonische Trendsetter
RUDOLPHINE EGGINK
HET HUIS SCHUYLENBURCH
Regenten als architectonische smaakmakers

66 DIE AUSSTATTUNG DES HAUSES SCHUYLENBURCH (1715–1968)
GABRI VAN TUSSENBROEK
HET INTERIEUR VAN HET HUIS SCHUYLENBURCH (1715–1968)

116 EIN KLEINES MUSEUM
Aspekte der Renovierung
TILL BERMBACH
EEN KLEIN MUSEUM
Enkele aspecten van de renovatie

126 AUTOREN | AUTEURS
127 BILDNACHWEIS | ILLUSTRATIEVERANTWOORDING

EIN PRÄCHTIGER RAHMEN FÜR DIE DEUTSCH-NIEDER-LÄNDISCHEN BEZIEHUNGEN

EDMUND DUCKWITZ | FLORIAN MAUSBACH

EEN PRACHTIG RAAMWERK VOOR DE DUITS – NEDER-LANDSE BETREKKINGEN

Am 25. September 2003 wurde Huis Schuylenburch, nachdem es zwei Jahre gründlich renoviert und restauriert worden war, in Gegenwart des Präsidenten des Bundesrats, Professor Dr. Böhmer, Ministerpräsident von Sachsen-Anhalt, wieder seiner Bestimmung als Residenz des Botschafters der Bundesrepublik Deutschland in den Niederlanden übergeben.

35 Jahre intensiver Nutzung des Hauses nach seiner Rückübertragung durch die niederländische Regierung hatten diese Baumaßnahmen erforderlich gemacht. Nun erstrahlt Huis Schuylenburch in neuem Glanz, ein idealer Zeitpunkt, dieses Kleinod einer breiteren Öffentlichkeit näher zu bringen.

Das vorliegende Buch schließt mit seinen Beiträgen zur Geschichte der deutsch-niederländischen Beziehungen, zu den architektonischen Aspekten und der künstlerischen Ausgestaltung des Hauses sowie zu den wesentlichen Merkmalen der von 2001 bis 2003 durchgeführten Arbeiten als ausgezeichnete Ergänzung an das 1988 in Den Haag erschienene Buch von Rob van Zoest und Xander van Eck an.

Zweifellos ist Huis Schuylenburch eines der schönsten Stadtpalais Den Haags und der Niederlande und spiegelt in vielfältiger Weise die lange Tradition der deutsch-niederländischen Beziehungen wider. Seit mehr als 100 Jahren Residenz des deutschen Botschafters, empfinden wir eine besondere Verpflichtung zum Erhalt und zur Pflege dieses Hauses als Vermächtnis der Familie Schuylenburch und von Generationen von Botschaftern, die hier gelebt und gearbeitet haben. Sicherlich hat Huis Schuylenburch unter vielerlei Aspekten den Charakter eines Museums, nicht zuletzt deshalb übt es auf

Op 25 september 2003 is Huis Schuylenburch in Den Haag, na een grondige renovatie en restauratie van twee jaar, opnieuw in gebruik genomen als residentie van de ambassadeur van de Bondsrepubliek Duitsland in Nederland. Hierbij was de voorzitter van de Bondsraad, professor dr. Böhmer, minister-president van Saksen-Anhalt aanwezig.

Na vijfendertig jaar intensief gebruik, nadat de Nederlandse regering het huis aan Duitsland had overgedragen, was een opknapbeurt noodzakelijk geworden. Nu straalt het Huis Schuylenburch weer als nieuw, wat een goed moment is om dit kleinood onder de aandacht van een breder publiek te brengen.

Dit boek, met bijdragen over de geschiedenis van de Duits-Nederlandse betrekkingen, over de architectonische aspecten en de artistieke vormgeving van het huis en over de tussen 2001-2003 verrichte werkzaamheden, biedt een uitstekende aanvulling op het boek van Rob van Zoest en Xander van Eck, dat in 1988 in Den Haag verscheen.

Huis Schuylenburch is ongetwijfeld een van de mooiste stadspaleizen van Den Haag en van Nederland. Het weerspiegelt in veel opzichten de lange traditie van de Duits-Nederlandse betrekkingen. Al meer dan honderd jaar is het huis de residentie van de Duitse ambassadeur en wij beschouwen het dan ook als een bijzondere verplichting om de erfenis van de familie Van Schuylenburch en van generaties ambassadeurs die hier gewoond en gewerkt hebben, te bewaren en in stand te houden. Huis Schuylenburch heeft in veel opzichten het karakter van een museum. Niet in de laatste plaats oefent het daarom op elke gast een bijzondere aantrekjeden Gast eine besondere Anziehungskraft aus. Gerade durch die glückliche Verbindung zwischen architektonischem und künstlerischem Reichtum und dem ständigen Bezug zum aktuellen politischen, wirtschaftlichen und kulturellen Leben, das die Nachbarn Niederlande und Deutschland verbindet, gewinnt Huis Schuylenburch seinen besonderen Reiz. Es atmet Geschichte und ist gleichzeitig präsent im aktuellen Zeitgeschehen und damit nicht wegzudenken aus dem Leben in Den Haag und den vielfältigen Bindungen und Verbindungen zwischen unseren Ländern.

Huis Schuylenburch ist so reich an architektonischen und künstlerischen Details und Besonderheiten, dass man sich auch als mehrjähriger Bewohner beinahe täglich wieder dabei ertappt, wie einen neu entdeckte Kleinodien in ihren Bann ziehen. Es ist eine besondere Ehre und Verpflichtung, in diesem Haus an der Gestaltung und Pflege der Beziehungen zwischen den Niederlanden und der Bundesrepublik Deutschland mitwirken zu dürfen.

Unser Dank gilt allen Beteiligten aus Deutschland und den Niederlanden, dem Bundesamt für Bauwesen und Raumordnung, den Architekten, den Denkmalschützern und allen, die an der konkreten Ausführung der unterschiedlichsten Arbeiten beteiligt waren, insbesondere den Handwerkern und Restaurateuren, die mit Geschick, Akribie und viel künstlerischem Verständnis diese nicht alltägliche Aufgabe geleistet haben. Es war eine besonders angenehme Erfahrung, dass immer wieder in vielen Gesprächen die Möglichkeit bestand, aus der Sicht des Bewohners und Nutzers Anregungen nicht nur zur technischen Ausstattung, sondern auch zur Ausführung der restauratorischen Ar-

kingskracht uit. Juist door de gelukkige verbintenis tussen zijn architectonische en artistieke rijkdom en zijn constante betrokkenheid bij het actuele politieke, economische en culturele leven, dat de buren Nederland en Duitsland met elkaar verbindt, krijgt Huis Schuylenburch zijn speciale charme. Het ademt geschiedenis en vervult tegelijkertijd een rol in de actuele gebeurtenissen. Daarmee is het niet weg te denken uit het leven in Den Haag en uit de talloze betrekkingen en relaties tussen onze landen.

Huis Schuylenburch is zo rijk aan architectonische en artistieke details en bijzonderheden dat je je er ook als bewoner na meerdere jaren bijna dagelijks op betrapt, hoe fascinerend nieuw ontdekte juweeltjes zijn. Het is een bijzondere eer en verplichting om in dit huis te mogen meewerken aan de vormgeving en instandhouding van de betrekkingingen tussen Nederland en de Bondsrepubliek Duitsland.

Onze dank gaat uit naar alle betrokkenen uit Duitsland en Nederland, naar het Bundesamt für Bauwesen und Raumordnung, naar de architecten, de monumentenzorgers en allen, die bij de daadwerkelijke uitvoering van de meest uiteenlopende werkzaamheden betrokken waren; vooral naar de ambachtslieden en restaurateurs, die met hun vakbekwaamheid, toewijding en veel artistiek gevoel deze niet alledaagse opdracht hebben vervuld. Vanuit het oogpunt van de bewoner en de gebruiker was bijzonder aangenaam dat in vele gesprekken telkens weer de mogelijkheid bestond om niet alleen de technische aspecten, maar ook de uitvoering van de restauratiewerkzaamheden en de kleurafwerking mede te bepalen. Zodoende werd het beiten bis hin zur Farbgestaltung einzubringen und so das Haus heller und freundlicher – unter Respektierung aller Vorgaben des Denkmalschutzes – zu gestalten.

Dieses Buch ist nur möglich geworden dank der gemeinsamen Initiative des Bundesamtes für Bauwesen und Raumordnung, des Auswärtigen Amtes und der Botschaft in Den Haag; ein ganz besonderer Dank gilt aber den Unternehmen DaimlerChrysler Nederland, E.ON Benelux, Siemens Nederland, Port of Rotterdam, Deutsche Bank, Hapag-Lloyd Nederland, Lufthansa German Airlines und MBN-Bauaktiengesellschaft Georgsmarienhütte, ohne deren großzügige Unterstützung dieses Werk nicht hätte verwirklicht werden können.

Dr. Edmund Duckwitz
Botschafter der Bundesrepublik Deutschland

huis – met inachtneming van alle eisen van monumentenzorg – lichter en vriendelijker gemaakt.

Dit boek kon slechts tot stand komen dankzij de gemeenschappelijke initiatieven van het Bundesamt für Bauwesen und Raumordnung, het Auswärtiges Amt en de ambassade in Den Haag. Een zeer bijzonder woord van dank geldt echter de ondernemingen DaimlerChrysler Nederland, E.ON Benelux, Siemens Nederland, Port of Rotterdam, Deutsche Bank, Hapag-Lloyd Nederland, Lufthansa German Airlines en MBN-Bauaktiengesellschaft Georgsmarienhütte. Zonder hun royale ondersteuning had dit werk niet kunnen worden gerealiseerd.

dr. Edmund Duckwitz
Ambassadeur van de Bondsrepubliek Duitsland

Neben dem Palais Beauharnais gehört das Haus Schuylenburch zu den bauhistorisch bedeutendsten deutschen Auslandsliegenschaften. Das Palais Beauharnais in Paris vor allem wegen seiner wertvollen und nahezu einmaligen Empireausstattung, das Haus Schuylenburch in Den Haag aufgrund seiner spätbarocken Inneneinrichtung. Es war deshalb für die Bundesrepublik Deutschland nicht nur eine Verpflichtung, sich der Sanierung und Restaurierung eines solchen Denkmals in besonderer Weise anzunehmen, sondern die Wiederherstellung dieses Gesamtkunstwerks ist auch als ein Teil kultureller Diplomatie zu verstehen. Zudem nimmt das seit 1888 in deutschem Besitz befindliche Haus auch im Stadtbild Den Haags gegenüber dem Binnenhof – dem Sitz wichtiger Teile der Regierung – eine beachtliche Stellung ein.

Das Innere des mit kostbaren Malereien und Stuckaturen ausgestatteten Hauses dokumentiert den langsamen Abschied der niederländischen Patrizier zu Anfang des 18. Jahrhunderts vom calvinistisch geprägten, nüchtern zurückhaltenden Lebensstil. Eine ähnliche Wendung von protestantischer Genügsamkeit hin zum französischen Hofstil vollzog sich wenig später auch in Preußen unter König Friedrich II. – in den brandenburgischen Schlössern wie im Berliner Stadtschloss. So ist die heutige Residenz des deutschen Botschafters, an der ein Hugenotte als Architekt, Stuckateure aus Italien und Maler aus Den Haag beteiligt waren, ein europäisches Kulturerbe.

Dem galt es gerecht zu werden und zugleich verschiedenste Ansprüche zu erfüllen. Zwar ist das Stadtpalais mit seinem kostbaren Interieur ein kleines Museum, es sollen aber ebendiese Räume auch deutsch-niederländischen Begegnungen dienen.

Naast het Palais Beauharnais behoort Huis Schuylenburch tot de bouwhistorisch belangrijkste Duitse buitenlandse bezittingen. Het Palais Beauharnais in Parijs vooral vanwege zijn waardevolle en bijna unieke Empire-inrichting, Huis Schuylenburch in Den Haag op grond van zijn laat-barokke interieur. Daarom was het voor de Bondsrepubliek Duitsland niet alleen een verplichting om op een bijzondere wijze te zorgen voor de sanering en de restauratie van een dergelijk monument, maar de restauratie van dit totaalkunstwerk moet ook gezien worden als een onderdeel van de culturele diplomatie. Bovendien neemt het sinds 1888 in Duitse handen verkerende patriciërshuis ook in het stadsbeeld van Den Haag tegenover het Binnenhof – de zetel van belangrijke delen van de regering – een belangrijke plaats in.

De binnenkant van het met kostbare schilderijen en stucwerk ingerichte huis documenteert het langzame afscheid van de Nederlandse patriciërs aan het begin van de 18[e] eeuw van de calvinistisch beïnvloede nuchtere, terughoudende levensstijl. Een vergelijkbare wending van protestantse soberheid naar de Franse hofstijl voltrok zich niet veel later ook in Pruisen onder koning Friedrich II – zowel in de Brandenburger paleizen als in het Berliner Stadtschloss. Zo is de huidige residentie van de Duitse ambassadeur, waaraan een hugenoot als architect, stucwerkers uit Italië en schilders uit Den Haag hun bijdrage hebben geleverd, een Europees cultureel erfgoed.

Daaraan moest recht gedaan worden en tegelijkertijd moest er aan de meest uiteenlopende eisen worden voldaan. Weliswaar is het stadspaleis met zijn kostbare interieur een klein

Und nicht zu vergessen: In dieser Residenz sollen der Botschafter und seine Familie wohnen.

Dass es gelungen ist, dies so gut es ging miteinander zu vereinbaren, verdanken wir zum einen der wissenschaftlichen Unterstützung durch den Rijksdienst voor de Monumentenzorg im niederländischen Zeist und dem Rheinischen Amt für Denkmalpflege in Pulheim, zum anderen dem für die Planung verantwortlichen Büro Steenvoorden aus Boskoop sowie der sorgfältigen und liebevollen Ausführung der Firma MBN aus dem niedersächsischen Georgsmarienhütte. Aber auch Herr Bermbach und die anderen Mitarbeiter meines Hauses hatten ihren Anteil am Erfolg. Im Namen aller Mitwirkenden hoffe ich, dass wir mit diesem schönen Haus einen prächtigen Rahmen für die deutsch-niederländischen Beziehungen geschaffen haben.

Florian Mausbach
Präsident des Bundesamtes für Bauwesen und Raumordnung

museum, maar juist deze ruimten moeten ook gebruikt worden voor Duits – Nederlandse ontmoetingen. En niet te vergeten: in deze residentie moeten de ambassadeur en zijn gezin wonen.

Dat het gelukt is dit zo goed met elkaar in overeenstemming te brengen, hebben wij enerzijds te danken aan de wetenschappelijke ondersteuning door de Rijksdienst voor de monumentenzorg in het Nederlandse Zeist en het Rheinisches Amt für Denkmalpflege in Puhlheim en anderzijds aan het voor de planning verantwoordelijke Bureau Steenvoorden uit Boskoop en de zorgvuldige en liefdevolle uitvoering van de firma MBN uit het Nedersaksische Georgmarienhütte. Maar ook de heer Bermbach en de andere medewerkers van mijn dienst hebben bijgedragen aan het succes. Uit naam van alle betrokkenen hoop ik dat wij met dit mooie huis een prachtig raamwerk voor de Duits – Nederlandse betrekkingen hebben gecreëerd.

Florian Mausbach
President van het Bundesamt für Bauwesen und Raumordnung
(Duits Federaal Bureau voor Bouwwezen en Ruimtelijke Ordening)

Bemerkungen zu einer asymmetrischen Beziehung

PREUSSEN, DEUTSCHLAND UND DIE NIEDERLANDE

HORST LADEMACHER

PRUISEN, DUITSLAND EN NEDERLAND

Opmerkingen over een asymmetrische relatie

Wenn hier eingangs bemerkt wird, dass die deutsche Gesandtschaft in Den Haag gleich nach dem Kauf von Haus Schuylenburch von der Reichsregierung eine Marmorbüste des Großen Kurfürsten zum Geschenk erhielt, dann ist das weniger als ein kunsthistorisch interessantes Aperçu gedacht, sondern eher als Hinweis auf eine lange Tradition der deutsch-niederländischen Beziehung gemeint, die als eine Beziehung der besonderen Art eingeordnet werden darf. Sie war in den frühen Jahrzehnten zunächst nicht vornehmlich außenpolitisch bestimmt, vielmehr ist in erster Linie von einem Einfluss niederländischen Wissens im Kurfürstentum Brandenburg zu reden, was zugleich eine enge dynastische Verflechtung zwischen den Häusern Hohenzollern und Oranien und darüber hinaus den konfessionellen Gleichklang zur Voraussetzung hatte. So trat Kurfürst Johann Sigismund, Großvater des Großen Kurfürsten, zu Weihnachten 1613 vom lutherischen zum calvinistischen Glauben über. Der preußische Historiker Otto Hintze schreibt dazu, der Kurfürst habe den Anschluss an eine Religionspartei finden wollen, „die in der freien Luft einer großen Politik atmete; in diesem Lager leuchteten Namen wie der Colignys und Wilhelms von Oranien, hier war ein freierer Weltblick, hier gab es große politische Entwürfe, die in der dumpfen Enge des kleinstaatlichen Luthertums nimmermehr gediehen wären.“[1] Diese „innerprotestantische“ Konversion – wenn man es einmal so nennen will – war der Ausgangspunkt für den Aufenthalt des späteren Großen Kurfürsten in den Niederlanden am Hofe des oranischen Statthalters Friedrich Heinrich und war ganz sicher auch eine Voraussetzung für die Heirat mit der Oranier-Tochter Luise Henriette.[2] In den Jahren seines Aufenthalts (1634–1638) lernte der spätere Kur-

[1] Otto Hintze, „Kalvinismus und Staatsräson in Brandenburg zu Beginn des 17. Jahrhunderts“, in: *Historische Zeitschrift*, 144/1931, S. 229–286.
[2] Zu diesem Aufenthalt siehe Ernst Opgenoorth, *Friedrich Wilhelm. Der Große Kurfürst von Brandenburg. Eine politische Biographie,* 2 Bde., Göttingen 1971–1978. Zu Luise Henriette neuerdings die kleine Studie von Ulrike Hammer, *Kurfürstin Luise Henriette. Eine Oranierin als Mittlerin zwischen den Niederlanden und Brandenburg-Preußen,* Studien zur Geschichte und Kultur Nordwesteuropas, Bd. 4, Münster 2001.

Als we op deze plaats meteen het feit vermelden dat het Duitse gezantschap in Den Haag, direct na de aankoop van Huis Schuylenburch van de regering van het Duitse Rijk een marmeren borstbeeld van de Grote Keurvorst cadeau kreeg, dan is dat niet bedoeld als een uit kunsthistorisch oogpunt interessant aperçu, maar meer als een verwijzing naar een lange traditie van Duits-Nederlandse betrekkingen. Betrekkingen die we toch wel als bijzonder mogen karakteriseren. Ze waren in de eerste decennia van de Nederlandse onafhankelijkheid in eerste instantie niet hoofdzakelijk bepaald door de buitenlandse politiek, we kunnen eerder spreken van een kennisstroom van Nederland naar het keurvorstendom Brandenburg, waaraan tevens een nauwe dynastieke vervlechting tussen de huizen Oranje en Hohenzollern en bovendien overeenstemming op religieus gebied ten grondslag lagen. Zo ging keurvorst Johan Sigismund van Brandenburg, de grootvader van de Grote Keurvorst, met Kerstmis van het jaar 1613 over van het lutherse naar het calvinistische geloof. De Pruisische historicus Otto Hintze schrijft daarover dat de keurvorst aansluiting wilde vinden bij een religieuze partij, “die de vrije lucht van een grote politiek ademde: in dit kamp schitterden namen zoals die van de Coligny’s en van Willem van Oranje. Hier was een vrije blik op de wereld, hier waren grote politieke plannen die in het benauwde en bekrompen lutheranisme nooit zouden gedijen.”[1] Deze intra-protestantse bekering, als men het zo zou willen noemen, was het uitgangspunt voor het verblijf van de latere Grote Keurvorst aan het hof van stadhouder Frederik Hendrik en het was zeer zeker ook een voorwaarde voor zijn huwelijk met Louise Henriette.[2] Tijdens zijn verblijf aan het hof

[1] Hintze, Otto, “Kalvinismus und Staatsräson in Brandenburg zu Beginn des 17. Jahrhunderts”, in: *Historische Zeitschrift*, 144/ 1931, p. 229–286.
[2] Over dit verblijf z. Ernst Opgenoorth, *Friedrich Wilhelm. Der Große Kurfürst von Brandenburg. Eine politische Biographie,* 2 dln., Göttingen 1971–1978. Over Louise Henriette de onlangs verschenen studie van Ulrike Hammer, *Kurfürstin Luise Henriette. Eine Oranierin als Mittlerin zwischen den Niederlanden und Brandenburg-Preußen,* Studien zur Geschichte und Kultur Nordwesteuropas, dl.4, Münster 2001.

fürst nicht nur oranische Kriegskunst, sondern auch bürgerliche Lebensweise und Kultur gleichermaßen kennen. „Das Erlebnis des in seiner vollen militärischen, wirtschaftlichen und kulturellen Kraft stehenden Staatswesens hat ihn sein Leben lang bestimmt.“[3]

Der Große Kurfürst und Luise Henriette stehen beide für die Vermittlung niederländischer Einflüsse in Brandenburg – Einflüsse, die weit über den Tod der Protagonisten hinaus fortgeführt wurden und erhalten geblieben sind. Es geht in erster Linie um den Wiederaufbau des im Dreißigjährigen Krieg arg gebeutelten deutschen Territoriums. Hier stand der Konzentration der kriegerischen Zerstörung eine Welt der wirtschaftlichen Blüte, der fortgeschrittenen technischen Kenntnisse und des kulturellen Hochstands gegenüber. Die Niederländer haben den Brandenburgern da einiges zeigen können. Sie halfen beim städtischen Auf- und Ausbau, bei Meliorationen des Agrarraums und beim Aufbau der Rinder- und Schafzucht sowie bei der Anlage der Musterhöfe, der Holländereien, ebenso wie bei Kanal- und Schleusenbau, großen städtischen Gartenanlagen, aber auch beim Schloss- und Festungsbau. Um der feineren Lebensart bei Hofe zu frönen und damit zugleich das Repräsentationsbedürfnis zu befriedigen, ließ der Kurfürst niederländische Maler anwerben. Dem übergroßen Bedarf entsprechend, wurden so Handwerker, Ingenieure, Künstler und darüber hinaus Kolonisten über die beiden Dynasten und das große Umfeld ihrer Helfer in die Mark Brandenburg vermittelt.

Man wird in diesem Zusammenhang sogleich auf eine gegenläufige Entwicklung hinzuweisen haben. Die niederländische Republik hat praktisch zwar die wirtschaftliche

[3] Oestreich, Gergard, „Die Niederlande und Brandenburg-Preußen“, in: *Onder den Oranje boom. Textband. Dynastie in der Republik. Das Haus Oranien-Nassau als Vermittler niederländischer Kultur in deutschen Territorien im 17. und 18. Jahrhundert,* Hg. Horst Lademacher, München 1999, S. 193.

(1634–1638) leerde de latere Keurvorst niet alleen de krijgskunst van de Oranjes, maar ook de burgerlijke cultuur en levenswijze in gelijke mate kennen. Daarover is het volgende geschreven: “Het ervaren van het staatsbestel dat zijn volle militaire, economische en culturele kracht had bereikt, was voor hem zijn leven lang bepalend.”[3]

De Grote Keurvorst en Louise Henriette staan beiden voor de overdracht van Nederlandse invloeden in Brandenburg, invloeden die tot ver na de dood van deze beide centrale figuren zijn voortgezet en bewaard zijn gebleven. Het gaat in de eerste plaats om de wederopbouw van het Duitse grondgebied dat in de Dertigjarige Oorlog zwaar geteisterd was. Hier werd een door oorlog verwoeste regio geconfronteerd met een wereld van economische bloei, vooruitstrevende technische kennis en een hoogstaand cultureel leven. De Nederlanders konden de Brandenburgers op dat gebied veel bieden. Ze hielpen bij de wederopbouw en de uitbreiding van steden, bij de grondverbeteringen in de landbouwgebieden en bij het weer opzetten van de rundvee- en schapenfokkerij evenals bij het bouwen van modelboerderijen, vooral voor de veeteelt, de zogenaamde Holländereien. Ook waren zij actief bij het aanleggen van kanalen en sluizen, grote stadsparken en bij de bouw van paleizen en vestingen. Om zich volledig in de elegantie van het hof te kunnen dompelen liet de keurvorst Nederlandse schilders rekruteren. Het vorstenpaar en een grote kring van helpers speelden een bemiddelende rol bij het aanstellen van ambachtslieden, ingenieurs, kunstenaars en ook kolonisten die in Brandenburg zeer dringend nodig waren.

[3] Gerhard Oestreich,”Die Niederlande und Brandenburg-Preußen”, in: Horst Lademacher (Hrsg.), *Onder den Oranje boom. Textband. Dynastie in der Republik. Das Haus Oranien-Nassau als Vermittler niederländischer Kultur in deutschen Territorien im 17. und 18. Jahrhundert,* München 1999, p.193.

und infrastrukturelle Grundlage für die Konsolidierung und schließlich auch Machtentfaltung des brandenburgisch-preußischen Staates geschaffen – es kann von einer nachgerade reibungslosen Beziehung in Wirtschaft, Technik und Kultur die Rede sein –, auf dem Felde der Außenpolitik kam freilich nach dem Tode des Großen Kurfürsten Sand ins Getriebe. Das entsprach letztlich der Veränderung des außenpolitischen Umfelds nach dem Westfälischen Frieden von 1648. An die Stelle der katholischen Hegemonialmacht Spanien trat nunmehr die ebenso katholische Macht Frankreich mit ihrem ambitionierten Ludwig XIV. Die vorgenannte verwandtschaftliche Verzahnung der beiden Dynastien Oranien und Hohenzollern bot doch die Hoffnung und die Chance, den protestantischen Block Europas auf Dauer gegen den katholischen Gegner Frankreich zu erweitern. Gewiss, Religion spielte in dieser Phase europäischer Politik nicht mehr jene beherrschende Rolle, die sie noch am Ausgang des 16. Jahrhunderts bis hin zum Westfälischen Frieden bei außenpolitischen Entscheidungen hatte spielen können, aber die Niederländer meinten doch, dass da im Osten mit Brandenburg-Preußen eine Macht aufstieg, die aus dem Territorium einen calvinistischen Modellstaat im Kampf gegen das katholische Habsburg und den Katholizismus überhaupt machte. In den Kämpfen gegen die Ansprüche

Gipsbüste des Großen Kurfürsten Friedrich Wilhelm von Brandenburg in der oberen Halle.

Gipsen buste van de Grote Keurvorst Friedrich Wilhelm van Brandenburg, in de grote bovenhal.

In dit verband moet meteen ook op een ontwikkeling in tegengestelde richting worden gewezen. De Nederlandse Republiek heeft praktisch weliswaar de economische en infrastructurele basis geschapen voor de consolidering en uiteindelijk ook de machtsontwikkeling van de Brandenburgs-Pruisische staat; we kunnen spreken van ronduit soepele betrekkingen op economisch, technisch en cultureel gebied. Op het terrein van de buitenlandse politiek echter, kwam er na de dood van de Grote Keurvorst zand in de machine. Dit strookte ook met de veranderingen die waren ontstaan in de internationale verhoudingen na de Vrede van Westfalen in 1648. De plaats van de katholieke Spaanse mogendheid werd vanaf nu overgenomen door het eveneens katholieke Frankrijk met zijn ambitieuze Lodewijk XIV. De al eerder genoemde vervlechting van de Oranje-dynastie met die van de Hohenzollerns gaf de hoop en ook de mogelijkheid het protestantse blok in Europa op den duur uit te breiden ten koste van de katholieke tegenstander Frankrijk. Zeker, godsdienst speelde in deze fase van de Europese politiek niet meer die overheersende rol bij beslissingen op het gebied van de buitenlandse politiek, die het nog had kunnen spelen in de periode tussen het eind van de zestiende eeuw en de Vrede van Westfalen. Toch waren de Nederlanders van mening dat er in het oosten, met Brandenburg-

Ludwigs XIV. hat der Große Kurfürst bis zu seinem Tod den Nachweis zur Tragfähigkeit solidarischer Bekundung geliefert. Die Aufhebung des Edikts von Nantes in Frankreich hat diesen engeren protestantischen Zusammenschluss noch gefördert.

Aber Religion als Bindemittel lag nicht in jedem Augenblick im Trend der Zeit. Schon mit Friedrich I., König in Preußen, der noch in den von der Republik gegen Ludwig XIV. organisierten Koalitionen verblieb, und erst recht in den späteren Jahrzehnten wuchsen die Ängste der Niederländer vor dem Machtzuwachs Preußens. Als der Nachbar im Osten nach dem Tode Wilhelms III. von Oranien die Grafschaften Moers und Lingen erwarb und im Frieden von Utrecht 1713 das südniederländische Obergeldern zugeschlagen erhielt, wusste man in Den Haag bald, dass man es hier mit einem unbequemen Nachbarn zu tun hatte.[4] Die Beunruhigung verstärkte sich, als sich König Friedrich Wilhelm I. auf den Ausbau des Heeres konzentrierte. Dieser „Soldatenkönig“ erhielt in den Niederlanden den Beinamen „König Feldwebel“. Das Problem in diesem Verhältnis war, dass sich Preußen die Rolle eines Zentrums wachsender Bedeutung zuerkannte, während die Republik sich außenpolitisch insofern auf dem Rückzug befand, als es sich im Spanischen Erbfolgekrieg, der mit dem Utrechter Frieden endete, erheblich übernommen hatte und sich für eine Neutralitätspolitik entschied, die dem eigenen militärischen und finanziellen Vermögen eher entsprach und Partnerschaft, mit welcher Seite auch immer, ausschloss. Auf niederländischer Seite tauchte schon anlässlich des ersten Schlesischen Krieges Furcht ob der weiteren Intentionen Friedrichs II. auf, der 1740 seinem Vater auf den Thron gefolgt war. Friedrich galt als unzuverlässiger und treuloser

[4] de Jongste, Jan A. F., „Vom Bild Friedrichs II. von Preußen in der Republik. Bemerkungen zu einer Widersprüchlichkeit“, in: *Onder den Oranje boom*, Hg. Horst Lademacher, S. 73.

Pruisen een macht opkwam, die van haar grondgebied een calvinistische modelstaat maakte in de strijd tegen het katholieke Habsburg en tegen het katholicisme in het algemeen. In de strijd tegen de aanspraken die Lodewijk XIV maakte, bleef de Grote Keurvorst tot aan zijn dood het bewijs leveren van de draagkracht die een dergelijke solidariteitsverklaring kan hebben. De herroeping van het Edict van Nantes versterkte dit nauwere protestantse verbond nog eens.

Religie als bindmiddel was echter niet steeds de trend. De beduchtheid van de Nederlanders voor de toename van Pruisens macht was al begonnen met Frederik I, koning van Pruisen, die nog deel uitmaakte van de door de Republiek georganiseerde coalitie tegen Lodewijk XIV. Deze beduchtheid groeide pas echt in de decennia daarna. Toen de oosterbuur na de dood van stadhouder-koning Willem III van Oranje (1702) de graafschappen Moers en Lingen verwierf en bij de Vrede van Utrecht in 1713 het grootste deel van het Overkwartier kreeg toegewezen, wist men in Den Haag al heel snel dat men met een onaangename buurman te maken had.[4] De onrust werd nog sterker toen koning Frederik Willem I zich op de uitbreiding van het leger ging concentreren. Deze ‘soldatenkoning’ kreeg in Nederland de bijnaam ‘König Feldwebel’. Het probleem in dezen was dat Pruisen zich de rol aanmat van een centrum met een groeiende betekenis, terwijl de Republiek, wat de buitenlandse politiek betrof, eigenlijk op zijn retour was. In de Spaanse Successieoorlog, die eindigde met de Vrede van Utrecht, had de Republiek duidelijk te hoog gemikt en nu koos zij een neutraliteitspolitiek die beter paste bij de eigen militaire en financiële vermogens en die een verbond, met welke kant dan ook, uitsloot. Aan Neder-

[4] Jan A. F. de Jongste, “Vom Bild Friedrichs II. von Preußen in der Republik. Bemerkungen zu einer Widersprüchlichkeit”, in: Horst Lademacher (Hrsg.), *Onder den Oranje boom*, p. 73.

Herrscher, der seinerseits nicht ohne Verachtung auf die Niederlande blickte, und als die Republik sich im Siebenjährigen Krieg neutral verhalten und noch einigen Profit aus dem Geschehen gezogen hatte, ließ der Preußenkönig in aller Härte wissen: „Die Republik war eine Macht zweiten Ranges; von ihrer Wesensart her war sie friedliebend, führte Kriege nur noch zufällig und flößte ihren Feinden ebenso wenig Furcht ein, wie sie bei ihren Freunden Hoffnung erwecken konnte.“[5] Innerhalb eines Jahrhunderts, so darf man anlässlich solcher Aussage behaupten, hatte sich da ein Wandel, eine grobe Verunsicherung in den Beziehungen vollzogen. Ein Jahr nach dem Westfälischen Frieden, in der Frühzeit brandenburgisch-preußischer Beziehungen, empfahl der brandenburgische Gesandte Matthias Dögen den Niederlanden eine Allianz mit dem Kurfürstentum eben auf der Grundlage der engsten dynastischen Beziehung und des konfessionellen Gleichklangs, und 1656 vermittelte der Gesandte Daniel Weimann über den Statthalter der Kur und Mark Brandenburg, Graf Johann von Sayn-Wittgenstein, die Eheschließung zwischen der Tochter Henriette Katharina des Statthalters Friedrich Heinrich von Oranien mit Johann Georg II. von Anhalt-Dessau. Die Gesandten aus der Zeit der Koalitionskriege gegen Ludwig XIV. waren ganz wesentlich damit befasst, die Koalitionen und ihre Bedingungen zustande zu bringen; in den Jahren nach dem Frieden von Utrecht ging es freilich im Umgangston zwischen den Staaten erheblich rauer zu. Die Niederländer haben es dann auch als eine Wohltat empfunden, wenn sie einem preußischen oder auch kaiserlichen Gesandten begegneten, dem es auf Ausgleich ankam. Es ist durchaus auffällig, wenn dem preußischen Gesandten Meynertshagen in einem Nachruf

[5] Zitiert bei Rive, G. J., *Schets der staatkundige betrekkingen tusschen de Republiek der Vereenigde Nederlanden en het Koninkrijk Pruissen tot het huwelijk van Prins Willem V (1701 - 1767),* Amsterdam 1873, S. XI.

landse kant doemde al naar aanleiding van de Eerste Silezische oorlog de angst op voor de verdere intenties van Frederik II, die zijn vader in 1740 was opgevolgd. Frederik gold als een onbetrouwbare en weinig loyale heerser, die van zijn kant niet zonder verachting in de richting van de Noordelijke Nederlanden keek. Toen de Republiek in de Zevenjarige Oorlog neutraal was gebleven en nog een beetje profijt van het hele gebeuren had getrokken, liet de Pruisische koning bikkelhard weten dat “de Republiek een tweederangs macht was; vredelievend van aard, die enkel toevallig oorlog voerde en noch haar vijanden angst inblies, noch bij haar vrienden hoop kon wekken.”[5] Na zo’n uitlating mogen we wel stellen dat er zich binnen een eeuw een verandering in de betrekkingen had voltrokken; er was grote onzekerheid ontstaan. Een jaar na de Vrede van Westfalen, in de begintijd van de betrekkingen tussen Brandenburg en Pruisen, raadde de Brandenburgse gezant Matthias Dögen Nederland aan een alliantie met het keurvorstendom aan te gaan. De basis hiervoor waren de nauwe dynastieke betrekkingen en de gelijkgezindheid op religieus gebied. In 1656 bemiddelde de gezant Daniel Weimann bij de stadhouder van de keur en mark Brandenburg, Graaf Johan von Sayn-Wittgenstein, over het huwelijk van Henriette Catharina, dochter van stadhouder Frederik Hendrik, met Johan Georg II van Anhalt-Dessau. De gezanten uit de tijd van de coalitieoorlogen tegen Lodewijk XIV hielden zich intensief bezig met het tot stand laten komen van de verbintenissen en de daaraan verbonden voorwaarden. In de jaren na de Vrede van Utrecht was de omgangstoon tussen de staten echter wezenlijk ruwer. De Nederlanders hebben het dan ook als een weldaad ervaren als

[5] Cit. bij Rive, G. J., *Schets der staatkundige betrekkingen tusschen de Republiek der Vereenigde Nederlanden en het Koninkrijk Pruissen tot het huwelijk van Prins Willem V (1701 - 1767),* Amsterdam 1873, p. XI.

18

1730 bescheinigt wurde, der preußische König habe einen großen Verlust erlitten, weil der Gesandte immer auf Ausgleich, nicht aber auf eine Verschärfung der Sachlage aus gewesen sei. Ähnliches wurde von dem kaiserlichen Gesandten Sinzendorff gesagt. Um die Jahrhunderthälfte waren dann endgültig die für eine Allianz eigentlich günstigen dynastischen und konfessionellen Voraussetzungen offensichtlich keine wirklich relevanten Faktoren mehr, wenn es auf preußischer Seite um europäische Machtpositionen ging. Die niederländische Politik stufte Friedrich II. eben als einen „kriegerischen" König oder gar „gefährlichsten Feind" der Niederlande ein, den die Republik je besessen habe.[6] Allerdings: wenngleich offizielle Kreise wiederholt die Unberechenbarkeit des Preußenkönigs betonten, gab es doch Calvinisten, die der Außenpolitik grundsätzlich noch eine religiöse Komponente beigaben und daher in Friedrich II. einen Mitstreiter in der protestantischen Sache gegen den Katholizismus sahen. Sie fühlten sich den Preußen näher als den Österreichern. Zu einem engeren Anschluss an Preußen führte das freilich nicht, auch nicht, als ein österreichisch-französischer Verbund, eine katholische Allianz also, zu großer Unruhe in der Republik führte. Wenn schließlich niederländische Protestanten nach dem Siebenjährigen Krieg versuchten, den „großen König" in ihre Reihen der protestantischen Gemeinsamkeit einzugliedern, dann sagt das eher etwas über die Interpretationskunst der niederländischen Protestanten als über die tatsächliche Religiosität des Königs aus, und gut zwei Jahrzehnte später zögerte Preußen nicht, in den niederländischen Bürgerkrieg, den so genannten „Patrioten"-Krieg, zugunsten der königlichen Nichte Wilhelmina einzugreifen, die mit dem Statthalter Wilhelm V. von

[6] Gabel, Helmut und Jarren, Volker, *Kaufleute und Fürsten. Außenpolitik und politisch-kulturelle Perzeption im Spiegel niederländisch-deutscher Beziehungen 1648–1748,* Niederlande-Studien, Bd. 18, Münster u.a. 1998, S. 627 ff. *sowie* de Jongste, „Vom Bild Friedrichs II. von Preußen", in: *Onder den Oranje boom,* Hg. Horst Lademacher, S. 76. Zu Meynertshagen und Sinzendorff siehe J. Aalbers, *De Republiek en de vrede van Europa,* Historische Studies, XXXIX, Groningen 1980, S. 288. Zu Daniel Weimann siehe M. Rohrschneider, „Die Oranier und Anhalt. Verflechtungen und Beziehungen", in: *Onder den Oranje boom,* Hg. Horst Lademacher, S. 227.

M. Czwiczek, Der Große Kurfürst, Stiftung Preußische Schlösser und Gärten Berlin-Brandenburg (GK I 6923).

ze met een Pruisische of keizerlijke gezant te maken hadden die uit was op een compromis. Het is zeer opmerkelijk dat in het in memoriam voor de Pruisische gezant Meynertshagen in 1730 werd bevestigd dat de koning een groot verlies had geleden, omdat de gezant altijd op zoek was naar het compromis en niets voelde voor het aanscherpen van de situatie. Van de keizerlijke gezant Sinzendorff werd iets vergelijkbaars gezegd. Pruisen hechtte, halverwege de achttiende eeuw, geen belang meer aan nauwe dynastieke en religieuze banden met de Republiek, omdat de alliantie met de Noordelijke Nederlanden geen belangrijke factor meer was als het om Europese machtsposities ging. In de Nederlandse politiek werd Frederik II gewoonweg gekarakteriseerd als een "oorlogszuchtige" koning of zelfs als de "gevaarlijkste vijand" die de Republiek ooit had gehad.[6] Hoewel in officiële kringen herhaaldelijk de onberekenbaarheid van Frederik II werd benadrukt waren er toch ook calvinisten die de buitenlandse politiek van een religieuze component voorzagen en daarom in de Pruisische koning een medestrijder bleven zien in de protestantse zaak tegen het katholicisme. Ze stonden voor hun gevoel dichter bij de Pruisen dan bij de Oostenrijkers. Dit leidde echter niet tot een vorm van aansluiting bij Pruisen. Ook niet toen een Oostenrijks-Frans verbond, dus een katholieke alliantie, tot grote onrust in de Republiek leidde. Dat Nederlandse protestanten uiteindelijk, na de Zevenjarige Oorlog, een poging deden "de grote koning" in de protestantse gelederen op te nemen, zegt meer over de interpretatiekunst van de Nederlandse protestanten dan over de daadwerkelijke godsdienstigheid van de koning. Ruim twee decennia later aarzelde Pruisen niet tussen beide te komen in de

M. Czwiczek, De Grote Keurvorst, Stiftung Preußische Schlösser und Gärten Berlin-Brandenburg (GK I 6923).

[6] Z. Gabel, Helmut und Jarren, Volker, *Kaufleute und Fürsten. Außenpolitik und politisch-kulturelle Perzeption im Spiegel niederländisch-deutscher Beziehungen 1648–1748,* Niederlande-Studien, Bd. 18, Münster u.a. 1998, p. 627ev. en de Jongste,"Vom Bild Friedrichs II. von Preußen", p. 76. Over Meynertshagen en Sinzendorff zie Aalbers, J., *De Republiek en de vrede van Europa,* Historische Studies, XXXIX, Groningen 1980, p. 288. Over Daniel Weimann zie M. Rohrschneider, "Die Oranier und Anhalt. Verflechtungen und Beziehungen", in: Horst Lademacher (Hrsg.), *Onder den Oranje boom,* p. 227.

Oranien verheiratet war.[7] Die Intervention unternahm Friedrich Wilhelm II., Nachfolger des 1786 verstorbenen Friedrich II. In diesem letztgenannten Zusammenhang sei wiederum auf die Arbeit der Gesandtschaft hingewiesen. Der zur Zeit des „Patrioten"-Konflikts in Den Haag residierende preußische Gesandte Friedrich W. Thulemeyer entwickelte 1784 eine regelrechte Kampagne zugunsten einer Protestaktion seines Königs, der sich in einem Sendschreiben an die Generalstände für die statthalterlichen Rechte eingesetzt hatte. Diese Form der Einmischung wurde in den Niederlanden kaum akzeptiert, und Thulemeyer gab sich ruppig und äußerst ungehalten, übte daher Druck auf Presse-Organe und politische Instanzen aus, um eine Rektifizierung unangenehmer Reaktionen in den Niederlanden zu erreichen – mit unterschiedlichem Erfolg.[8]

Der König nahm für sich die Einmischung in Anspruch, die allerdings nicht wegen der Position der Wilhelmina ins Spiel gebracht wurde, sondern weil Frankreich auf der Seite der anti-statthalterlichen Partei der „Patrioten" stand. Das heißt, in dieser europäischen Konstellation spielte das Recht des kleineren Staates, seine Geschicke im Inneren nach eigenem Belieben zu gestalten, keine Rolle.

Es ist bisher vom Rückzug der Niederlande aus der Großmachtposition des 17. Jahrhunderts hin zu einem Staat von abnehmender Bedeutung die Rede gewesen. Es gehört zu den deutlichen Merkmalen europäischer Außenpolitik dieser Periode, dass die im Westfälischen Frieden 1648 verordnete Verabsolutierung der Souveränität und der damit verbundene Ausbau des Machtstaates seine volle Ausprägung fand. Für die niederländische Republik sind in diesem Zusammenhang zwei Aspekte wichtig. Einerseits

[7] Zu dieser Intervention liegt eine Vielzahl von Arbeiten vor. Zusammenfassend hierzu Lademacher, Horst, *Die Niederlande. Politische Kultur zwischen Individualität und Anpassung*, Berlin 1996, S. 380–392.

[8] Dazu de Jongste, *Vom Bild Friedrichs II. von Preußen in der Republik*, S. 85 f. Dazu auch Gibbs, G. C., „The role of the Dutch Republic as the intellectual entrepot of Europe in the seventeenth and eighteenth centuries", in: *BMGN* 86, 3/1971, S. 336f. mit Beispielen für den Druck Thulemeyers auf die Presse auch in den die Niederlande nicht unmittelbar betreffenden Angelegenheiten.

burgeroorlog, de zogenaamde Patriottenstrijd, om Wilhelmina van Pruisen, de nicht van de koning die met stadhouder Willem V was getrouwd, te steunen.[7] De interventie was een onderneming van Frederik Willem II, de opvolger van de in 1789 gestorven Frederik II. In dit verband moet ook weer op het werk van het gezantschap worden gewezen. De Pruisische gezant Friederich W. Thulemeyer, die in de tijd van het "patriottenconflict" in Den Haag resideerde, zette in 1784 een echte campagne op om de protestactie van zijn koning te ondersteunen. Deze laatste had zich in een missive aan de Staten-Generaal sterk gemaakt voor de rechten van de stadhouder. Deze vorm van inmenging was voor Nederland nauwelijks acceptabel en Thulemeyer stelde zich zeer onbehouwen en boos op en oefende daardoor druk uit op persorganen en politieke instanties. Hij wilde dat de onaangename reacties in de Nederlandse (patriottische) pers werden rechtgezet, maar was daarin slechts gedeeltelijk succesvol.[8]

De koning eiste de inmenging voor zichzelf op. Deze inmenging gold niet zozeer de positie van Wilhelmina, maar was veel meer een reactie op het feit dat Frankrijk aan de kant van de patriotten stond, de antistadhouderlijke partij. In de machtsstrijd tussen de grote mogendheden in Europa speelde het recht van de kleinere staat om binnenslands zijn eigen zaken te regelen dus geen rol.

Tot nu toe is er sprake geweest van de stap terug, die Nederland heeft moeten doen, van grootmacht uit de zeventiende eeuw naar de positie van een staat van steeds kleiner wordende betekenis. Typisch kenmerk voor de Europese buitenlandse politiek in deze periode is immers

[7] Over deze interventie zijn veel publicaties verschenen. Voor een samenvatting zie Lademacher, Horst, *Die Niederlande. Politische Kultur zwischen Individualität und Anpassung*, Berlin 1996, p. 380–392.

[8] Hierover de Jongste, "Vom Bild Friedrichs II. von Preußen", p. 85ev. Hierover ook Gibbs, G. C., "The role of the Dutch Republic as the intellectual entrepot of Europe in the seventeenth and eighteenth centuries", in: *BMGN* 86, 3 / 1971, p. 336ev. met voorbeelden van de druk van Thulemeyer op de pers, ook als het ging om zaken die Nederland niet direct betroffen.

unterlagen sie auf dem ihnen eigenen Sektor, dem Handel, dem britischen Konkurrenten, auf der anderen Seite waren sie nicht in der Lage, die mit dem Machtstaatsgedanken verbundene Militarisierung nachzuvollziehen, gleichviel ob dieser Mangel aus Sparsamkeit oder aus fehlender Kompetenz der Handelsbürger in militärischen Fragen resultiert. So bleibt festzustellen, dass sich der markante Positionsverlust des 18. Jahrhunderts, der sich überaus drastisch in der schon genannten preußischen Intervention und bald darauf in der Übernahme des gesamten niederländischen Territoriums durch das napoleonische Frankreich äußert, seine Fortsetzung im 19. Jahrhundert findet, als das Königreich der Niederlande endgültig in die Zweitrangigkeit zurückgestuft wurde. Es handelt sich zugleich um eine Fortsetzung der gegenläufigen Entwicklung: Während Preußen nach der Niederlage gegen Napoleon wieder rasch an Bedeutung wuchs und nicht zuletzt durch die Industrialisierung und ihre Folgen einen deutlichen Machtzuwachs zu verzeichnen hatte, gestaltete sich der im 18. Jahrhundert einsetzende Niedergang der Niederlande als ein nachgerade kontinuierlicher Prozess. Zwar wurde das unterbrochen, als man den Nordniederländern auf dem Wiener Kongress Belgien zuschlug, aber mit der belgischen Revolution war die Vorrangstellung endgültig ad acta gelegt und keine europäische Hand rührte sich, sie wiederherzustellen. Abgesehen davon, dass europäische Intellektuelle seit den ersten Jahrzehnten des Jahrhunderts nur Häme für den Staat übrig hatten und das Wort von den Niederlanden als den „Chinesen Europas" die Runde machte, entwickelten die Niederländer inmitten aufkommender oder sich verfestigender Nationalstaaten eine Mentalität der Frustration, die im Rück-

dat de verabsolutering van de soevereiniteit, zoals die met de Vrede van Westfalen van 1648 was vastgelegd, volledig tot ontwikkeling komt, hetgeen de groei van de macht van de staat een sterke impuls gaf. Voor de Republiek zijn in dit verband twee zaken belangrijk. Aan de ene kant verloor het land van de Britse concurrenten op het gebied waarin het altijd zo thuis was geweest: de handel. Aan de andere kant was het land niet in staat de militarisering te begrijpen die voortvloeide uit de gestaag groeiende macht van de staat. We laten in het midden of deze lacune nu kwam door zuinigheid of door gebrek aan vakkundigheid op militair gebied van de, eerder in handel gespecialiseerde, Nederlanders. We kunnen wel vaststellen dat het opvallende verlies van positie in de achttiende eeuw, dat bijzonder duidelijk wordt bij de al genoemde Pruisische interventie en daarna bij Napoleon, die het gehele Nederlandse grondgebied inneemt, doorzet in de negentiende eeuw, wanneer het Koninkrijk der Nederlanden definitief naar een tweederangs positie terugglijdt. Tegelijkertijd zien we hoe ook de tegengestelde ontwikkeling verdergaat: terwijl Pruisen na de nederlaag tegen Napoleon weer snel aan betekenis won en, niet in de laatste plaats door de industrialisering, duidelijk machtiger werd, tekende het verval van Nederland, dat in de achttiende eeuw inzette, zich af als een continu proces. Het werd weliswaar onderbroken toen de Noordelijke Nederlanden op het Wener Congres de Zuidelijke Nederlanden kregen toegewezen, maar met de Belgische Revolutie verloor Nederland definitief zijn vooraanstaande plaats en geen enkel land in Europa deed iets om de situatie te herstellen. Nog afgezien van het feit dat Europese intellectuelen zich in de eerste decennia van de negengriff auf das eigene glorreiche 17. Jahrhundert das Land als Hort einer überlegenen Kultur anpries, zum anderen freilich auch Depressionen erzeugte, die letztlich in einem Anfall von Defätismus die Frage aufwarfen, ob es nicht besser sei, sich von Preußen einverleiben zu lassen – und ebendort, in Preußen, gab es Historiker oder politische Publizisten, die sich eine solche Einverleibung gut vorstellen konnten.[9] Aus dem Verhalten niederländischer Politiker und Intellektueller jener Jahre spricht ein hohes Maß an Furcht vor Annexion durch Preußen. Als der preußische Historiker 1837 die Rückkehr der Niederlande in den deutschen Mutterschoß verlangte, ließ der damalige Führer der Liberalen und spätere Ministerpräsident Johan Rudolf Thorbecke wissen: „Wir sind ein Teil des germanischen Europa und dies in aller Freiheit… Unsere Position ist die der Mitte zwischen Deutschland und England. Während sich die Deutschen in abstrakter Subjektivität mit der Welt befassen, die sie sich auf diese Weise schaffen, befinden wir uns infolge unserer sittlichen und politischen Struktur immer unter dem Einfluss des sinnlichen, äußerlichen, objektiven der gesellschaftlichen Praxis.“[10]

Dieses Bedürfnis nach Abgrenzung in Mentalität und Kultur mag ein Zeichen der sich positionierenden Welt der Nationalstaaten gewesen sein, im Falle der Niederlande war sie, abgesehen von einer etwas überhöhten Selbsteinschätzung, tatsächlich von Furcht eingegeben, die sich noch steigerte, als man die Einigungspolitik Bismarcks in den 60er Jahren beobachtete, die schließlich zum deutsch-französischen Krieg führte und mit der Reichsgründung abschloss. Bismarck wurde Mangel an Moral vorgeworfen. In der Zweiten Kammer des Parlaments ließ Thorbecke 1867 schon wissen: „Überkom-

[9] Hierzu insgesamt: Lademacher, Horst, *Zwei ungleiche Nachbarn. Wege und Wandlungen der deutsch-niederländischen Beziehungen im 19. und 20. Jahrhundert,* Darmstadt1989, die Abschnitte B I und II.
[10] Johan Rudolf Thorbecke, „Onze Betrekking tot Duitschland“, in: *Historische schetsen,* 1865, S. 19–22. Der kurze Aufsatz stammt aus dem Jahre 1837.

tiende eeuw slechts in boosaardige termen over het land uitlieten en dat over Nederland werd gesprokken als over de ‘Chinezen van Europa’ ontwikkelden de Nederlanders, tussen de opkomende of zich verstevigende nationale staten een mentaliteit van frustratie. Enerzijds keek men terug naar de glorierijke zeventiende eeuw en prees men het land aan als een bolwerk van superieure cultuur, aan de andere kant riep deze mentaliteit ook depressies op, die uiteindelijk in een aanval van defaitisme de vraag deden rijzen of het niet beter zou zijn zich bij Pruisen te laten inlijven. Ook in Pruisen waren er historici en politieke publicisten die zich zo’n annexatie goed konden voorstellen.[9] Nederlandse politici en intellectuelen toonden zich in hoge mate beducht voor een Pruisische annexatie. Toen een Pruisisch historicus in 1837 eiste dat Nederland terugkeerde in de Duitse moederschoot, liet de toenmalige liberale voorman en de latere regeringsleider Johan Rudolf Thorbecke weten: “Wij zijn een lid van germaansch Europa, maar met vrijheid […]. Wij hebben onzen stand tusschen Duitsland en Engeland in ’t midden. Terwijl in Duitsland eene abstracte, subjectieve, bespiegelende werkzaamheid op zich zelve blijven, en met de wereld die zij schept, zich vergenoegen kan, vinden wij ons, ingevolge van ons natuurlijk, zedelijk en staatkundig zamenstel, steeds onder den invloed van het zinnelijke, uitwendige, objectieve van maatschappij en praktijk.”[10]

Deze behoefte aan afgrenzing in mentaliteit en cultuur mag dan een kenmerk zijn van een land dat zijn positie zoekt in de wereld van nationale staten, in het geval van Nederland was het afgezien van een ietwat hoge zelfinschatting inderdaad ingegeven door beduchtheid. Deze ver-

[9] Hierover Lademacher, Horst, *Zwei ungleiche Nachbarn. Wege und Wandlungen der deutsch-niederländischen Beziehungen im 19. und 20. Jahrhundert,* Darmstadt 1989, de hoofdstukken B I en II.
[10] Thorbecke, Johan Rudolf, “Onze Betrekking tot Duitschland”, in: *Historische schetsen,* 1865, p. 19–22. Het korte opstel is uit 1837.

mene Rechtsbeziehungen gelten nichts mehr; wir sehen uns einer allgemeinen Krise gegenüber, einem Streben nach militärischer Größe, was auf die Unterdrückung des Schwächeren hinauslaufen wird."[11] Selbst Teile der konfessionell den Preußen verwandten protestantischen Bevölkerung oder deren Vertreter haben sich dem harschen Urteil angeschlossen. Die Empörung, hinter der sich Furcht verbarg, blieb auch nach dem Krieg bestehen. Recht seltsam eigentlich, weil die außenpolitische Entwicklung deutlich macht, dass in gar keiner Weise von einer Bedrohung der Niederlande von preußischer oder preußisch-deutscher Seite die Rede sein konnte. Die Niederlande haben weder das primäre Interesse des preußischen Ministerpräsidenten noch das des späteren Reichskanzlers gefunden. Sie blieben von deutscher Seite einfach unbehelligt, und sie sollten es auch bis zum Überfall 1940 bleiben.

Die Zeit nach der Reichsgründung bis hin zum Ersten Weltkrieg ist jedenfalls von einer Mischung aus Empfindlichkeiten, die sich aus Furcht speisten, und hier und da auch dem Bedürfnis geprägt, zuweilen etwas zur eigenen Stärke in der Öffentlichkeit bekannt zu geben. Auf jeden Fall aber kam es darauf an, die für das Deutsche Reich abfälligen zu definierenden Äußerungen der niederländischen Presse zu relativieren, wenn die Reichsleitung diese für unangenehm oder jedenfalls erklärungsbedürftig befand. Die niederländischen Gesandten in Berlin offenbarten dabei entgegenkommendes Verhalten. So wurde etwa die im Frankfurter Frieden festgelegte strategische Linie Metz-Thionville vom niederländischen Gesandten als eine Garantie nicht nur für die Unabhängigkeit Belgiens, sondern auch für die der Niederlande gedeutet. Der Gesandte

[11] Zitat angeführt bei Lademacher, *Zwei ungleiche Nachbarn*. S. 43 (Übersetzung von mir, H. L.).

sterkte zich nog toen men de Pruisische machtsexpansie van Bismarck in de jaren '60 zag, die uiteindelijk leidde tot de Duits-Franse oorlog en die werd afgesloten met de stichting van het Duitse Keizerrijk. Men verweet Bismarck gebrek aan moraal. In de Tweede Kamer liet Thorbecke al in 1867 weten: "Gevestigde rechtsbetrekkingen worden niet meer geteld; wij hebben te doen met een algemeene crisis, een streven naar militaire grootheid, dat op onderdrukking van de minder machtige moet uitkomen." [11] Zelfs delen van de protestantse bevolking en hun vertegenwoordigers, confessioneel gezien toch verwant met Pruisen, sloten zich bij dit harde oordeel aan. De verontwaardiging, waarachter zich beduchtheid verborg, bestond ook na de oorlog. Vreemd eigenlijk, want de internationale politieke ontwikkelingen, wezen er op geen enkele wijze op dat Nederland van Pruisische of Pruisisch-Duitse zijde zou kunnen worden bedreigd. Noch de Pruisische minister-president, noch de latere rijkskanselier interesseerde zich in het bijzonder voor Nederland. Het land werd met rust gelaten en zo zou het tot de inval in 1940 blijven.

De periode van het stichten van het Keizerrijk tot de Eerste Wereldoorlog wordt gekenmerkt door een mengsel van geprikkelde reacties, gevoed door beduchtheid, en de behoefte af en toe de eigen kracht naar buiten toe zichtbaar te maken. In ieder geval was het belangrijk de uitlatingen in de Nederlandse pers, die het Duitse Rijk al snel in een negatief daglicht plaatsten, te relativeren, elke keer als deze door de Duitse machtshebbers als onaangenaam werden ervaren, of als er nadere uitleg werd verlangd. De Nederlandse gezanten in Berlijn toonden zich

[11] Voor de vertaling geciteerd uit: Doedens, Anne, *Nederland en de Frans-Duitse oorlog. Enige aspecten van de Frans-Duitse politiek en de binnenlandse verhoudingen van ons land omstreeks het jaar 1870*, Zeist 1973. p. 33.

verdeutlichte auch sogleich zur Beruhigung der eigenen Regierung die Risiken Außenpolitik des Reiches, indem er schrieb, dass ein deutscher Vorstoß gegen die Linie Metz-Thionville nur bei Strafe eines westeuropäischen Zusammenschlusses geschehen könne und damit auch ein Zusammengehen Russlands mit Frankreich, was letztlich gegen die Grundmaxime Bismarckscher Außenpolitik, die Vermeidung eines Zweifronten-Krieges, verstoße. Es gibt aus dieser Periode der 70er und 80er Jahre eine Vielzahl ähnlicher Äußerungen. Die niederländischen Gesandten in Berlin waren durchgehend mit diesen Fragen des offensichtlich nicht die nötige Sicherheit vermittelnden deutsch-niederländischen Verhältnisses beschäftigt. Gewiss, es wurde auch auf offizieller niederländischer Seite durchaus einmal von der niederländischen Stärke gesprochen, mit Aussagen, die auch deutsche Empfindlichkeiten treffen mussten, sodass der deutsche Gesandte von Canitz um nähere Erläuterung einkam. Aber festzustellen bleibt, dass in den Niederlanden vor allem durch die Presse regelmäßig auf die Möglichkeit der Annexion durch das deutsche Kaiserreich hingewiesen wurde. Da war es eine echte Aufgabe für die niederländischen Gesandten, die Bedeutung der Presse herunterzuspielen. Dazu kam, dass von Paris und London immer wieder Informationen eintrafen, die von deutschen Annexionsgelüsten sprachen. Deutsche Reisende machten in den Niederlanden häufig die Erfahrung, dass sie von Niederländern mit dem Hinweis konfrontiert wurden, dass man sie, die Niederländer, ohnehin bald von Osten her vereinnahmen wolle.[12]

Die deutschen Gesandten bemühten sich darum, über die Aufgaben des täglichen diplomatischen Kontaktes hinaus nähere Erläuterungen zu Verhaltensweisen oder

[12] Ebd. S. 58f.

J. Mijtens, Der Große Kurfürst und seine Familie, Stiftung Preußische Schlösser und Gärten Berlin-Brandenburg (GK I 1019).

daarbij zeer coöperatief. Zo werd bijvoorbeeld de strategische lijn Metz-Thionville, die in het Verdrag van Frankfurt was vastgelegd, door de Nederlandse gezanten niet alleen als een garantie voor de onafhankelijkheid van België geïnterpreteerd, maar ook voor die van Nederland. De gezant maakte ook onmiddellijk, ter geruststelling van de eigen regering, de gevaren van een risicovolle internationale politiek van het Duitse Rijk duidelijk. Hij schreef dat op een Duitse aanval op de lijn Metz-Thionville de sanctie stond van een verbond van de West-Europese landen en daarmee ook van een coalitie tussen Frankrijk en Rusland. Dat was tenslotte in strijd met de uitgangspunten van Bismarcks buitenlandse politiek van het vermijden van een oorlog op twee fronten. Er is uit deze periode, de jaren '70 en '80, een groot aantal vergelijkbare uitspraken. De Nederlandse gezanten in Berlijn waren permanent bezig met de Duits-Nederlandse betrekkingen die blijkbaar voor gevoelens van onrust zorgden. Zeker, er werd in Nederland ook van officiële zijde wel eens van Nederlandse macht gesproken. Er werden uitspraken gedaan die aan Duitse zijde een gevoelig punt moesten treffen, zodat de Duitse gezant Von Canitz een verzoek om nadere toelichting indiende. Toch kunnen we vaststellen dat er in Nederland, vooral in de pers, regelmatig op een mogelijke annexatie door het Duitse Keizerrijk werd gezinspeeld. De Nederlandse diplomaten hadden er een hele opgave aan de betekenis van de pers te bagatelliseren. Daar kwam nog bij dat er uit Parijs en Londen steeds weer informatie kwam over eventuele Duitse annexatieplannen. Duitse reizigers in Nederland werden regelmatig geconfronteerd met de opmerking dat Nederland toch wel snel door de oosterburen zou worden ingelijfd.[12]

J. Mijtens, De Grote Keurvorst en zijn familie, Stiftung Preußische Schlösser und Gärten Berlin-Brandenburg (GK I 1019).

[12] Lademacher, *Zwei ungleiche Nachbarn.* p. 58ev.

Äußerungen in offiziellen, semi-offiziellen oder einfach publizistischen Kreisen zu erlangen, wenn die Auslassungen über das deutsch-niederländische Verhältnis den Hinweis auf die Undurchschaubarkeit deutscher Politik enthielten. So etwa trat der deutsche Gesandte, Baron von Canitz und Dallwitz, 1874–1881 in Den Haag tätig, gegen die Parlamentsrede des niederländischen Kriegsministers Beyen von 1877 beim Außenminister auf den Plan, um zu fragen, was es denn nun auf sich habe mit dem Ausspruch: „Sie sollen ihn nicht haben, das freie Niederland" – ein Ausspruch, der durchaus dem Rheinlied des Nikolaus Becker „Sie sollen ihn nicht haben, den freien deutschen Rhein" „nachempfunden" sein konnte. Aber die deutsche Gesandtschaft, die eine intensive Beobachtung der niederländischen Presse pflegte, wusste zugleich Ereignisse einigermaßen großzügig zu übergehen, die nicht in Berlin, sondern nur im niederländischen Kabinett zu Ärgernissen Anlass gaben. So etwa hielt sie die Broschüre eines Premierleutnants unter dem Titel: „Krieg der Niederlande gegen Deutschland" für völlig uninteressant, während der niederländische Außenminister sich beim Kriegsminister darüber beschwerte, solcherlei Äußerungen könnten das freundschaftliche Verhältnis zwischen dem Reich und den Niederlanden stören.[13]

In die Zeit, die auch als Zeit der Boulanger-Krise bezeichnet wird, fällt die Bereitstellung einer neuen Residenz für den deutschen Gesandten in Den Haag. Das Deutsche Reich kaufte 1888 das im Zentrum Den Haags gegenüber dem Binnenhof gelegene Patrizierhaus der Familie Schuylenburch zu einem Preis von 75.000 Gulden. Aus ebendiesem Anlass schickte Berlin die Marmorbüste des Großen Kurfürsten, die Luise Henriette

[13] Dazu ebd. S. 61 und die dort angegebenen Fundstellen aus der Reihe *Rijks Geschiedkundige Publicatien* (RGP), die unserer Darstellung insgesamt zugrunde liegen. Zur Reaktion im Parlament s. S. 69.

Als de uitlatingen over de Duits-Nederlandse betrekkingen verwezen naar de ondoorzichtigheid van de Duitse politiek, peilden de Duitse gezanten, naast hun dagelijkse diplomatieke taken, ook de stemming in officiële en semi-officiële kringen en bij de pers. Zo verscheen de Duitse gezant baron Von Canitz und Dallwitz, die van 1874 tot 1881 in Den Haag werkzaam was, bijvoorbeeld bij de minister van buitenlandse zaken na de rede die de Nederlandse minister van Oorlog, Beyen, in het parlement had gehouden, om te vragen wat men nu precies moest denken van de uitspraak: "Ze zullen het niet krijgen, het vrije Nederland", een uitspraak die duidelijk refereerde aan het Rijnlied van Nikolaus Becker "Sie sollen ihn nicht haben, den freien deutschen Rhein". Het Duitse gezantschap dat de publieke opinie in Nederland zeer goed in de gaten hield, wist echter tegelijkertijd ook tamelijk mild om te gaan met gebeurtenissen die niet in Berlijn, maar in het Nederlandse kabinet aanleiding gaven tot ergernis. Zo vond het gezantschap bijvoorbeeld de brochure van een eerste luitenant met de titel: "Nederland bij een oorlog tegen Pruisen in 1877" absoluut oninteressant, terwijl de Nederlandse minister van Buitenlandse Zaken daarover zijn beklag deed omdat zulke uitlatingen de vriendschappelijke verhouding tussen het Duitse Rijk en Nederland zouden kunnen verstoren.[13]

In deze periode, die ook wel de Boulanger-crisis wordt genoemd, wordt ook de nieuwe residentie van de Duitse gezanten in Den Haag in gebruik genomen. Het Duitse Rijk kocht in 1888 het in het centrum van Den Haag gelegen patriciërshuis van de familie Schuylenburch voor een bedrag van 75.000 gulden. Naar aanleiding hiervan stuurde Berlijn het marmeren borstbeeld

[13] Hierover ibid. p.61 en de daar aangegeven vindplaatsen in de reeks *Rijks Geschiedkundige Publicatien* (RGP), waarop onze weergave is gebaseerd. Voor de reacties in het parlement zie p. 69.

ihrem Mann geschenkt hatte, zusammen mit vier Oranier-Porträts als Einstandsgeschenk nach Den Haag. Man wird davon ausgehen dürfen, dass dieses stilvolle Anwesen gleichsam architektonisch dem inzwischen hoch entwickelten Selbstbewusstsein des Reiches entsprach. Es war ein Haus mit hohem Repräsentationswert.[14] Der erste Gesandte des Reiches in dieser Residenz war der seit 1885 in Den Haag tätige Freiherr von der Saurma Jeltsch, der dort noch bis 1891 residierte. Der Übergang in die neue Residenz änderte nichts am Charakter des deutsch-niederländischen Verhältnisses. Wie viel galt in Krisenzeiten noch die Aussage Bismarcks, dass die Niederländer keine Deutschen seien, eine eigene Sprache und Kultur hätten und eine ruhmreiche Vergangenheit, die alle Anerkennung verdiene, und zu denen man ein herzliches Verhältnis entwickeln könne, wenn kleinere Unstimmigkeiten ausgeräumt seien? Saurma Jeltsch wollte seinerseits wissen, wie es denn um die niederländische Haltung im Falle eines deutsch-französischen Krieges bestellt sei. Er führte darüber ein „akademisches" Gespräch mit van Karnebeek, dem niederländischen Außenminister. Er hörte neuerlich von der striktesten niederländischen Neutralität und meinte auch nach Gesprächen mit führenden Vertretern der niederländischen Gesellschaft Sympathie für Deutschland feststellen zu können.[15] Ob ministerielle Beteuerungen immer zur Beruhigung der deutschen Diplomaten beitrugen, mag dahingestellt bleiben. Jedenfalls war es durchaus angebracht, nicht nur die Aktivitäten des Kabinetts, sondern auch die öffentliche Meinung zu beobachten.

Es ist auffällig, dass sich die deutschen Gesandten über die Kommentare zur Pressemeinung hinaus mit der niederländischen Psyche befassten, um einen Grund für Dis-

[14] Siehe auch hier Rudolphine Eggink und Gabri van Tussenbroek.
[15] RGP 126, S. 253.

van de Grote Keurvorst dat Louise Henriette haar man cadeau had gegeven, samen met vier portretten van verschillende Oranjes, als welkomstgeschenk. We mogen ervan uitgaan dat dit stijlvolle huis architectonisch gezien goed paste bij het intussen hoogontwikkelde zelfbewustzijn van het Duitse Rijk. Het was een zeer representatief pand.[14] De eerste gezant van het Duitse Rijk, die in deze residentie zijn intrek nam, was baron Von der Saurma Jeltsch, die sinds 1885 in Den Haag werkzaam was en daar nog tot 1891 zou blijven. De overgang naar de nieuwe residentie veranderde niets aan het karakter van de Duits-Nederlandse betrekkingen. Hoezeer gold in tijden van crisis, zo vroegen de Nederlanders zich af, nog de uitspraak van Bismarck, dat de Nederlanders geen Duitsers waren, maar een eigen taal en cultuur hadden en een roemrijk verleden dat alle erkenning verdient en waarmee men een hartelijke relatie kon opbouwen, als kleinere meningsverschillen uit de weg waren geruimd? Saurma Jeltsch, op zijn beurt, wilde weten hoe Nederland zich in het geval van een Frans-Duitse oorlog zou opstellen. Hij voerde daarover een "academisch" gesprek met Van Karnebeek, de Nederlandse minister van Buitenlandse Zaken. Hij hoorde opnieuw over de strikte neutraliteit die Nederland in acht nam en meende ook na gesprekken met belangrijke vertegenwoordigers van de Nederlandse maatschappij eerder een sympathie voor Duitsland vast te kunnen stellen.[15] Of de plechtige verzekering van de ministers de Duitse diplomaat nu zoveel geruststelde, blijft de vraag. In ieder geval was het buitengewoon zinvol niet alleen naar de activiteiten van het kabinet te kijken, maar ook naar de publieke opinie.

[14] Over dit patriciërshuis z. Zoest, Rob van en Eck, Xander van, *Huis Schuylenburch,* 's-Gravenhage 1988. Hier de interieurbeschrijving en de bouwgeschiedenis. Voor de overgang van patriciërshuis naar residentie van de Duitse gezanten/Duitse ambassadeur z. p. 83–87.
[15] *RGP* 126, p. 253.

tanziertheit oder gar Ablehnung zu finden. Bei Saurma Jeltsch hieß es 1889: „Wenn nun auch einige Blätter eine freundnachbarliche Gesinnung Deutschland gegenüber ausdrücken, so vermisst man doch in der Gesamtheit der niederländischen Presse eine ehrerbietige Haltung vor dem mächtigen Nachbarn. Indessen entspringt dieses Gebaren der niederländischen Redaktionen weniger einem hohen Nationalbewusstsein und einem Gefühle volkstümlicher Tüchtigkeit, als vielmehr der Besorgnis wegen der Antastbarkeit der Selbständigkeit Hollands und außerdem dem Neide über die allerorten zutage tretende Überlegenheit Deutschlands und seiner Bewohner. Erzeugt doch das Bewusstsein ein bitteres Gefühl, sich trotz alles Reichtums die augenscheinliche Gewandtheit nicht verschaffen zu können. Vermöge der Gemeinsamkeit der Grenze treten aber die Einwohner der beiden Länder in steten Kontakt, und diese fortgesetzte Berührung erzeugt fortgesetzt das niederländische Unbehagen." Der Gesandte bedauert weiterhin die ihm unverständliche Hinwendung zu England. Man empfinde England, wie es sich in der Presse andeute, als die verglichen mit Deutschland sympathischere Nation.[16]

Der Wunsch, das deutsch-niederländische Verhältnis gründlich zu analysieren, implizierte für die deutschen Diplomaten eine genauere Betrachtung niederländischer Mentalität. Das war ein durchgängiges Thema der deutschen Gesandten in Den Haag. Das zeigte sich etwa bei der intensiven Diskussion um eine von deutscher inoffizieller Seite angeregte deutsch-niederländische Zollunion oder um die Person des künftigen Gemahls der niederländischen Prinzessin und späteren Königin Wilhelmina. Vor allem Kaiser Wilhelm II. war viel an einer dem Reich genehmen Wahl gelegen. Früh schon sah

[16] Zitiert bei ebd. S. 70f. Schreiben vom 2. Oktober 1889. Politisches Archiv des Auswärtigen Amtes, Acta betr. die niederländische Presse, vol. 1. Mai 1886 bis 30. September 1905.

Het is opvallend dat de Duitse gezanten zich behalve met commentaren over de pers ook met de Nederlandse psyche bezighielden, om een reden voor de afstandelijke of zelfs afwijzende houding te vinden. Bij Saurma Jeltsch uitte zich dit in 1889 als volgt: "Ook al dragen sommige bladen Duitsland wel een goed hart toe, toch mist men in de Nederlandse pers in het algemeen respect voor het machtige buurland. Dit optreden van de Nederlandse redacties ontstaat niet zozeer uit een groot nationaal bewustzijn en een bewustzijn van de eigen, bij de volksaard horende capaciteiten, maar veel meer uit bezorgdheid omdat de Nederlandse zelfstandigheid eventueel zou kunnen worden aangetast en bovendien uit een jaloezie ten opzichte van Duitslands superioriteit die alom aan de oppervlakte komt. Het bewustzijn dat men ondanks alle rijkdom net niet die handigheid kan verwerven zorgt voor bittere gevoelens. Op grond van de gemeenschappelijke grens treedt de bevolking van de beide landen echter voortdurend met elkaar in contact en deze voortdurende verbinding veroorzaakt dan weer het Nederlandse onbehagen." De gezant betreurt verder de voor hem onbegrijpelijke sympathie voor Engeland, dat in de pers werd aangeduid als het in vergelijking met Duitsland sympathiekere land.[16]

De wens de Duits-Nederlandse betrekkingen grondig te analyseren leidde ertoe dat de Duitse diplomaten de Nederlandse psyche en de mentaliteit nader gingen bestuderen. Dat was een geregeld terugkerend thema van de Duitse gezanten in Den Haag en het kwam bijvoorbeeld tot uiting bij hoog oplopende discussies over een douane-unie, die in Duitsland door niet officiële zijde werd voorgesteld of bij discussies over de toekomstige echtgenoot van prinses,

[16] Geciteerd bij ibid. p. 70ev. Brief van 2 oktober 1889. Politisches Archiv des Auswärtigen Amtes, Acta betr. die niederländische Presse, vol. 1. Mai 1886 bis 30. September 1905.

sich der Gesandte Freiherr von dem Brincken, von 1895 bis 1899 im Haus Schuylenburch, mit dieser Frage konfrontiert, die sich über Jahre hinzog und zum Problem wurde, da die Prinzessin recht eigenwillig auftrat. In den Berliner Amtsstuben fürchtete man schon um die Mitte der 90er Jahre, dass eine etwaige Stimmung gegen das Reich von der Wahl eines deutschen Prinzen absehen lassen könne. Der Kaiser selbst engagierte sich mit der ihm eigenen Emphase, als sei er allein für die rechte Wahl der Wilhelmina verantwortlich gewesen. Freiherr von Flotow, von 1898 bis 1900 Geschäftsträger in Den Haag, und Graf Pourtalès, Gesandter von 1900 bis 1902 ebendort, trugen die Hauptlast der Überlegungen und Empfehlungen. Von Pourtalès stand praktisch als Ghostwriter bereit, als er dem Kaiser empfahl, in der ganzen Angelegenheit bei der Königinmutter, Emma von Waldeck, zu intervenieren. Er führte das verwandtschaftliche Band zwischen den Häusern Hohenzollern und Oranien an, sprach freilich auch von der politischen Bedeutung einer solchen Heirat, die dazu beitragen könne, das nicht immer klare deutsch-niederländische Verhältnis durchschaubarer zu machen. Die Heirat solle nicht dem Herzen, sondern dem „Gebot der Staatsräson“ folgen. Im Schreiben an Staatssekretär von Bülow gab er den Wortlaut für einen etwaigen Kaiserbrief vor. Darin hieß es: „Seine Majestät betrachte es als eine Seiner großen Aufgaben als Beherrscher des mächtigen, mit den Niederlanden befreundeten und ihnen benachbarten Deutschen Reiches über die volle Unabhängigkeit und Integrität der Niederlande als wichtiger Faktor in der gegenwärtigen europäischen Mächtegruppierung zu wachen.“ Fast schon im Stile der Heiligen Allianz beschwor von Pourtalès in den weiteren Formulierungshilfen die Not-

later koningin, Wilhelmina. Vooral keizer Wilhelm II was er veel aan gelegen dat er een keus werd gedaan die ook de goedkeuring van het Duitse Rijk kon wegdragen. Al vroeg zag de gezant, baron Von dem Brincken, die van 1895 tot 1899 in huis Schuylenburch resideerde, zich geconfronteerd met deze vraag, die jaren voortsleepte en uiteindelijk tot een probleem werd, omdat Wilhelmina een nogal eigenzinnige houding had. In de Berlijnse ambtsvertrekken vreesde men al in het midden van de jaren ’90 dat er door een mogelijke anti-Duitse stemming van de keus voor een Duitse prins zou worden afgezien. De keizer zelf was er erg mee bezig, met de hem zo eigen nadrukkelijkheid, alsof hij alleen verantwoordelijk was voor een juiste keus van Wilhelmina. Baron Von Flotow, die van 1898 tot 1900 zaakgelastigde was in Den Haag en graaf Pourtalès, gezant van 1900 tot 1902, waren in eerste instantie belast met overleggen en adviseren op dit gebied. Von Pourtalès had min of meer de rol van ghostwriter op zich genomen, toen hij de keizer adviseerde om over deze zaak contact te zoeken met koningin-moeder Emma. Hij voerde de familieband tussen de huizen Hohenzollern en Oranje aan en sprak ook wel degelijk over de politieke betekenis van zo’n huwelijk, dat ertoe zou kunnen bijdragen dat de niet altijd heldere Duits-Nederlandse betrekkingen doorzichtiger zouden worden. Bij dit huwelijk zou Wilhelmina niet alleen naar het hart, maar ook naar het “gebod van het staatsbelang” moeten luisteren. In een brief aan staatssecretaris Von Bülow leverde Von Pourtalès de woordelijke inhoud van een eventuele brief van de keizer: “Zijne Majesteit beschouwt het als een van zijn grote taken, als heerser van het machtige en Nederland zo na staande Duitse Rijk wendigkeit eines Zusammenrückens der Dynastien vor allem dort, wo sie über „stammverwandte Völker" herrschten und auf gleicher religiöser Grundlage lebten.[17] In diesem Sinne scheint der Kaiser vorstellig geworden zu sein, denn in einem Schreiben der Emma von Waldeck heißt es, dass die freie Wahl der Wilhelmina Vorrang vor der Staatsräson habe.

Es sei darauf hingewiesen, dass die Wahl der Prinzessin zwar nicht unter deutschem Einfluss stand, aber durchaus nach deutschen Vorstellungen erfolgte. Prinz Heinrich von Mecklenburg hieß der Erwählte. Letztlich war die vergebliche Hilfe bei der Vermittlung eines genehmen Partners für Wilhelmina nur eine kleine, wenngleich für die deutsche Außenpolitik aufschlussreiche Episode. Wesentlich blieb etwas anderes: Die Gesandten sahen sich bis zum Ersten Weltkrieg immer mit der Frage nach der Haltung der Niederlande in einem künftigen Krieg konfrontiert, und die Nervosität beider Seiten wuchs in dem Maße, in dem sich die europäische Politik zur Weltpolitik auswuchs. Die Diskussion um eine Zollunion, in der auf niederländischer Seite vermutet wurde, dass einer wirtschaftlichen Zusammenarbeit bald auch eine politische Übernahme durch den stärkeren Partner erfolgen müsse, gab auf deutscher Seite zu Bedenken Anlass. Von Pourtalès ließ wissen: „Sodann regt sich bei jedem Holländer bei dem Gedanken an eine politische Annäherung an uns sofort ein Gefühl des Grauens vor den ‚militärischen Institutionen', welche unvermeidlich im Falle eines Bündnisses hier eindringen würden."[18] Das Problem für die einzelnen Gesandten vor Ort war, dass sich die niederländischen Kabinette zwar in der Betonung der Neutralitätspolitik immer einig zeigten, auch wenn

[17] Das Schreiben in RGP 128, S. 51ff. 9. Juni 1900. Es ging bei dieser vom Gesandten angeregten ganz persönlichen Vorsprache des Kaisers um Friedrich Wilhelm, den dritten Sohn des Prinzen Albrecht von Preußen.

[18] Von Pourtalès brachte hier deutlich die Unterschiede in der politischen Kultur ins Spiel – ein für das niederländische Selbstbewusstsein sicherlich gewichtiger Aspekt im Verhältnis zu Deutschland. Zum Schreiben siehe RGP 128, S. 80. Schreiben an den Reichskanzler, 13. August 1902.

te waken over de volledige onafhankelijkheid en integriteit van Nederland als belangrijke factor tussen de huidige Europese machtsblokken." Bijna in de stijl van de Heilige Alliantie benadrukte Von Pourtalès in de rest van de voorbeeldbrief hoe noodzakelijk het was dat dynastieën, vooral daar waar ze heersten over "stamverwante volkeren" en dezelfde godsdienstige basis hadden, nauwe banden aangingen.[17] Waarschijnlijk heeft de keizer zich in deze zin tegenover de koningin-moeder uitgelaten, want in een brief van Emma lezen we dat de vrije keus van Wilhelmina prevaleert boven het staatsbelang.

Wilhelmina's uiteindelijke keus werd weliswaar niet door Duitsland beïnvloed, maar kon wel volledig de Duitse goedkeuring wegdragen. Prins Hendrik van Mecklenburg heette de uitverkorene. Uiteindelijk was de vergeefse hulp bij het zoeken naar een passende huwelijkskandidaat voor Wilhelmina slechts een kleine, maar wel verhelderende episode in de Duitse buitenlandse politiek. Iets anders bleef van wezenlijk belang: de gezanten zagen zich tot aan de Eerste Wereldoorlog steeds geconfronteerd met de vraag naar de houding van Nederland in een toekomstige oorlog en de spanning aan beide kanten groeide dermate dat de Europese politiek uitgroeide tot wereldpolitiek. De discussie over een douane-unie, waarbij aan Nederlandse kant werd vermoed dat op economische samenwerking weldra ook een politieke overname door de sterkere partner zou volgen, gaf in Duitsland aanleiding tot bedenkingen. Von Pourtalès liet weten: "Bovendien komt bij iedere Hollander bij de gedachte aan een politieke toenadering meteen een gevoel van afschuw op voor de 'militaire instituties' die in het geval van een ver-

[17] De brief in *RGP* 128, p. 51ev. van 9 juni 1900. Het ging bij dit persoonlijke bezoek van de keizer, op initiatief van de gezant, om Frederik Willem, de derde zoon van Prins Albrecht van Pruisen.

ein Mann wie Abraham Kuyper, der Vormann der protestantischen Antirevolutionären Partei und für einige Jahre Ministerpräsident, eine etwas überbordende Deutschfreundlichkeit an den Tag legte, während die unterschiedlichen gesellschaftlichen Gruppen aber ebenso viele unterschiedliche Haltungen vertraten. Die Amsterdamer Kaufleute hegten andere grenzüberschreitende Sympathien als die Rotterdamer, die niederländischen Katholiken andere als die Protestanten, und das niederländische Offizierskorps schien nach dem deutsch-französischen Krieg eine deutschfreundliche Entwicklung durchlaufen zu haben. So meinten wenigsten die deutschen Diplomaten. Diese Szene hatten alle Gesandten zu analysieren, gleichviel ob es um Karl von Schlözer ging, der von 1902 bis 1907 in Den Haag residierte, oder um Felix von Müller, der von 1908 bis 1915 die Gesandtschaft leitete, und es sollte nicht unerwähnt bleiben, dass die mit der Zuspitzung der Weltpolitik einhergehenden militärstrategischen Erwägungen auch in den Niederlanden eine Rolle spielten und auf deutscher Seite in zunehmendem Maße die Militärattachés ins Spiel brachten. Es sei in diesem Zusammenhang auf die Verhandlungen über das Nordsee-Abkommen von 1907 und die Frage der Küstenbefestigungen von Vlissingen hingewiesen.[19]

Das war, wenn man so will, die diplomatische Grundkonstellation bei Ausbruch des Ersten Weltkrieges. Die Beobachtung der niederländischen Szene ist eng mit dem Namen des Gesandten Felix von Müller, mehr noch mit dem des Richard von Kühlmann und Friedrich von Rosen verbunden. Die Analyse war schwierig, weil das Bild, das sich die niederländische Öffentlichkeit von den Kriegsgegnern machte, abhängig war von

[19] RGP 128 ist für den Zeitraum 1899 bis 1914 vor allem im letzten Drittel dieses Zeitabschnitts voll von diesen Berichten. Zu den beiden genannten außenpolitischen Topics siehe Lademacher, *Zwei ungleiche Nachbarn,* S. 91ff.

bond hier onvermijdelijk zouden binnendringen."[18] Het probleem voor de verschillende individuele gezanten ter plaatse was dat de Nederlandse kabinetten het weliswaar altijd eens waren over de strikte neutraliteitspolitiek, ook als iemand als Abraham Kuyper, de voorman van de Antirevolutionaire Partij en gedurende enige jaren regeringsleider een ietwat buitenproportionele "Deutschfreundlichkeit" aan de dag legde, terwijl door de verschillende maatschappelijke groepen evenzoveel verschillende houdingen werden vertegenwoordigd. De Amsterdamse kooplieden koesterden andere grensoverschrijdende sympathieën dan de Rotterdamse kooplieden, de katholieken stonden anders tegenover Duitsland dan de protestanten en het Nederlandse officierskorps leek na de Duits-Franse oorlog een sympathie tegenover Duitsland te hebben ontwikkeld. Zo meenden althans de Duitse diplomaten. Deze verhoudingen moesten door alle gezanten steeds weer worden geanalyseerd, of het nu om Karl von Schlözer ging, die van 1902 bis 1907 in Den Haag resideerde, of om Felix von Müller, die van 1908 tot 1915 het gezantschap leidde. Doordat de dreiging van een Europese oorlog toenam, gingen ook in Nederland daaraan gekoppelde overwegingen van militair-strategische aard een rol spelen en aan Duitse kant werden in toenemende mate militair attachés in het spel gebracht. Ook de onderhandelingen over het Noordzeeverdrag van 1907 en de kwestie van de kustversterkingen bij Vlissingen zijn in dit verband niet onbelangrijk.[19]

Dit was dan de diplomatische uitgangssituatie bij het uitbreken van de Eerste Wereldoorlog. Het observeren van de situatie in Nederland is nauw verbonden met de naam van Felix von

[18] Von Pourtalès kwam hier duidelijk de verschillen in politieke cultuur aandragen, wat voor het Nederlandse zelfbewustzijn zeker een belangrijk aspect in de verhouding met Duitsland was. Voor de brief zie *RGP* 128, p. 80. Brief aan de rijkskanselier, 13 augustus 1902.
[19] *RGP* 128 biedt voor de periode 1899 tot 1914 en dan vooral voor de laatste vijf jaar een enorme hoeveelheid van deze berichten. Voor de beide genoemde topics op het gebied van de internationale politiek zie Lademacher, *Zwei ungleiche Nachbarn*, p. 91 ev.

den Zwängen oder Schäden, die ihnen ebendiese Kriegsparteien auferlegten oder zufügten. Die unterschiedlichen Haltungen zeigten sich auch im Kabinett. Die Stimmung von einem für die Niederlande negativen oder positiven Ereignis her zu analysieren mochte dann noch angehen, schwieriger schon war es, die Urheber oder Kolporteure deutschfreundlicher oder -feindlicher Gedanken auszumachen. Dazu traten Überlegungen, wie denn die niederländische Presse dazu veranlasst werden könne, eine deutschfreundliche Haltung einzunehmen. Kurz: Es ging um Finanzierung der Presse. Zugleich kamen immer wieder neue Zweifel an der neutralen Haltung der Haager Kabinette auf. Sicherlich zu Unrecht. Aus der Unsicherheit entstand auch das Bedürfnis, tiefer in die niederländische Seele einzudringen. Der deutsche Diplomat von Schmidthals, 1915 kurzzeitig Geschäftsträger in Den Haag, der eine niederländische Mutter hatte und vom belgischen Gesandten Fallon als ein im negativen Sinn echter Preuße tituliert wurde, hat diesen

Friedrich Rosen.

Gruppenfoto mit Zech von Bunkersroda (2. von rechts).

Müller en meer noch met die van Richard von Kühlmann en Friedrich von Rosen. Het analyseren werd bemoeilijkt, omdat het beeld dat in de Nederlandse publieke opinie van de strijdende partijen werd gevormd afhankelijk was van de dwang die door de oorlogvoerende partijen werd opgelegd of de schade die werd aangebracht. De verschillende houdingen waren ook zichtbaar binnen het kabinet. Het analyseren van de stemming na een voor Nederland positieve of juist negatieve gebeurtenis mocht dan nog wel lukken, veel moeilijker was het vast te stellen wie er achter de anti- of juist pro-Duitse gedachten zaten en wie deze verspreidden. Daarbij beraadde men zich er nog op hoe de Nederlandse pers ertoe kon worden gebracht meer sympathie tegenover Duitsland te tonen. Het ging kortom om het omkopen van de pers. Tegelijkertijd kwam er steeds weer twijfel naar boven over de neutrale houding van de achtereenvolgende kabinetten in Den Haag, deze twijfel was zeker ten onrechte. Uit deze onzekerheid ontstond ook de behoefte dieper in de Nederlandse ziel door te dringen. De Duitse diplomaat Von Schmidthals, die in 1915 tijdelijk zaakgelastigde was in Den Haag en die een Nederlandse moe-

Friedrich Rosen.

Groepsfoto met Zech von Bunkersroda (2e van rechts).

psychologischen Zugang versucht. Das sei hier im Einzelnen nicht aufgeführt, aber hingewiesen sei auf die soziale Differenzierung, die er unternahm und die ähnlich wie zur Jahrhundertwende lautete. Gegenüber dem Reich positiv eingestellt sah er den Offiziersstand, die vornehmen Familien mit deutscher Verwandtschaft, die Gelehrtenwelt und die Handwerkerschaft, kurz: jene Kreise, die für deutsche „Innerlichkeit" und „Gründlichkeit" besonders empfänglich schienen. Im Übrigen griff Schmidthals die schon alte, gleichwohl richtige These von der niederländischen Furcht auf, vom Kaiserreich kulturell, wirtschaftlich und schließlich politisch aufgesogen zu werden. Und die tieferen Ursachen des Deutschenhasses, wo dieser denn vorhanden war, formulierte er in folgendem Befund: „Sie liegen [...] in der Auflehnung des individualistischen Germanen gegen das organische Prinzip im Preußentum, das der Niederländer, weil es die Einzelpersönlichkeit unterdrückt und sie ohne Respekt für ihre Eigenart unterordnet unter den Willen der Gesamtheit, hasst."[20]

Es muss im vorliegenden Rahmen auf Einzelheiten der praktischen Gesandtschaftsarbeit verzichtet werden, deren Bedeutung allein schon aus der von Kühlmann angeregten Bildung einer Hilfsstelle bei der Gesandtschaft hervorgeht, die dem Kunsthistoriker Wichert unterstand.[21] Diesem Fachmann für deutsche Kultur kam es darauf an, den hohen kulturellen Standard Deutschlands zu verbreiten. „Es ist überraschend zu sehen", so schrieb er, „wie wenig der Deutsche von Holland und wie wenig der Holländer von Deutschland weiß." Als Träger der interkulturellen Vermittlung dachte er sich einen deutsch-niederländischen Goethe-Bund als Zentralstelle, der es als erste Aufgabe oblag,

[20] RGP 137, Bericht von Schmidthals vom 26. September 1915, S. 25ff. Das Urteil über von Schmidthals von Fallon ebd. S. 476ff.
[21] Dazu Einzelheiten bei Lademacher, *Zwei ungleiche Nachbarn,* S. 100ff.

der had, maar door de Belgische gezant Fallon als een echte Pruis werd gezien, in de negatieve zin van het woord, ondernam deze psychologische actie. Details worden hier buiten beschouwing gelaten, maar opvallend is wel de sociale differentiatie die hij aanbracht en die overeenkwam met de situatie rond de eeuwwisseling. Als positief ingesteld ten opzichte van het Duitse Rijk beschouwde hij de officiersstand, voorname families die gedeeltelijk van Duitse afkomst waren, de universitaire wereld en de ambachtslieden. Kortom die kringen die voor de Duitse "Innerlichkeit" en "Gründlichkeit" bijzonder ontvankelijk leken. Voor het overige pakte Schmidthals de oude, maar wel correcte stelling weer op van de beduchtheid van de Nederlanders door het keizerrijk geïncorporeerd te worden, eerst in cultureel en economisch opzicht en ten slotte ook politiek. Over de diepere oorzaken van de haat jegens Duitsers, voorzover die aanwezig was, formuleerde hij het volgende: "Deze oorzaken liggen [...] in de rebellie van de individualistische Germanen tegen het organische principe van de Pruisen. De Nederlanders haten dit Pruisische principe omdat het de individuele persoonlijkheid onderdrukt en zonder respect voor individuele kenmerken ondergeschikt maakt aan de wil van de gemeenschap."[20]

We gaan hier niet nader in op de bijzonderheden van het dagelijkse werk van de gezanten,[21] de betekenis van dit praktische werk wordt alleen al duidelijk door het instellen van een steunpunt bij het gezantschap, dat onder leiding stond van de kunsthistoricus Wichert. Deze specialist op het gebied van Duitse cultuur stelde zich ten doel voor de verbreiding van de hoge culturele standaard van Duitsland te zorgen. "Het is verrassend te zien", schrijft hij, "hoe weinig de

[20] *RGP* 137, Beschrijving van Von Schmidthals van 26 september 1915, p. 25ev. Voor het oordeel over Von Schmidthals van Fallon ibid. p. 476ev.
[21] Details hierover bij Lademacher, *Zwei ungleiche Nachbarn,* p. 100ev.

deutsche Kultur in den Niederlanden zu vermitteln. Solcher Pflege bedurfte vor allem auch die Wirtschaftspolitik gegenüber dem Land. Wichert kam es darauf an, die ohnehin gegebene Verzahnung der wirtschaftlichen Interessen voll zu nutzen, das hieß konkret, das Augenmerk auf die sich eher mit Deutschland verbunden fühlenden Rotterdamer Kaufleute zu richten, um somit ein Gegengewicht gegen die nach Übersee orientierten Amsterdamer zu schaffen.[22]

Friedrich von Rosen, der letzte deutsche Gesandte im Ersten Weltkrieg, sah sich wie seine Vorgänger mit der bereits angesprochenen Problematik der niederländischen Neutralität konfrontiert; darüber hinaus wickelte er bei Ausgang des Krieges in engem Einvernehmen mit dem niederländischen Königshaus und dem Haager Kabinett die Asylsuche des deutschen Kaisers ab. Aus Gründen des Anstandes und nicht aus politischen Erwägungen, wie er später Friedrich Ebert, den Vorsitzenden des Rates der Volksbeauftragten in Berlin, wissen ließ, holte er den Kaiser in Eysden, an der Grenzstation zu den Niederlanden, ab und stellte fest, dass der Kaiser als Privatmann Aufnahme in den Niederlanden gefunden habe und die niederländische Regierung eine von ihrem Land ausgehende Agitation zugunsten der alten Monarchie nicht dulden werde.[23]

Der Erste Weltkrieg war für die Gesandtschaft ein Ereignis, bei dem es für sie wie im Übrigen für die Gesandtschaften der anderen Kriegsparteien auch darauf ankam, die Einwirkung des anderen Landes zu konterkarieren und den eigenen Einfluss in der Presse oder bei kulturellen Institutionen und auch Wirtschaftsverbänden durchzusetzen. Fürwahr, ein großes Programm, das sich freilich noch erheblich anstrengender

[22] RGP 137, S. 61ff. Wichert-Studie als Beilage zum Schreiben von Kühlmann an Reichskanzler, 28. Mai 1916. Die Studie Wicherts war anlässlich des einjährigen Bestehens der Hilfsstelle erstellt worden.
[23] Siehe hierzu RGP 145. Das Schreiben des Gesandten an Friedrich Ebert vom 17. November 1918, S. 214ff.

Duitsers van Holland weten en hoe weinig de Hollanders van Duitsland." Als verantwoordelijke instantie voor culturele propaganda stelde hij zich een "Goetheverbond" voor, als een soort centrale, die als eerste taak had de Duitse cultuur in Nederland uit te dragen. Ook de economische relaties moesten op die manier worden onderhouden. Wichert vond het belangrijk de reeds bestaande vervlechting van economische belangen volledig uit te buiten. Concreet betekende dat de aandacht richten op de Rotterdamse kooplieden, die zich eerder met Duitsland verbonden voelden om zo een tegenwicht te vormen tegenover de Amsterdammers die meer op Engeland georiënteerd waren.[22]

Friedrich von Rosen, de laatste Duitse gezant in de Eerste Wereldoorlog, zag zich net als zijn voorgangers geconfronteerd met de genoemde problematiek van de Nederlandse neutraliteit en het in de gaten houden van deze neutraliteit. Bovendien regelde hij aan het eind van de oorlog in nauw overleg met het Nederlandse koningshuis en het kabinet het asiel van de Duitse keizer. Uit beleefdheid en niet uit politieke overwegingen, zoals hij later Friedrich Ebert, voorzitter van de *Rat der Volksbeauftragten* (de voorlopige regering) in Berlijn, liet weten had hij de keizer in Eysden bij de grensovergang met Nederland afgehaald. Hij stelde vast dat de keizer als privé-persoon asiel in Nederland had gevonden en dat de Nederlandse regering geen enkele propaganda ten gunste van de oude monarchie zou dulden.[23]

Tijdens de Eerste Wereldoorlog was voor het gezantschap, net als voor de gezanten van de andere oorlogslanden, ook belangrijk de invloed van de overige partijen tegen te werken. En de

[22] *RGP* 137, p. 61ev. De studie van Wichert als bijlage bij de brief van Kühlmann aan de rijkskanselier, 28 mei 1916. De studie van Wichert was t.g.v. het eenjarig bestaan van het steunpunt geschreven.
[23] Hierover *RGP* 145. De brief van de gezant aan Friedrich Ebert van 17 november 1918, p. 214ev.

gestaltete, als die Gesandtschaft als diplomatische Schaltstelle zur Absicherung einer militanten nationalsozialistischen Außenpolitik dienen musste. Der diplomatische Vertreter dieser 30er Jahre war von 1928 bis 1940 Julius Graf Zech von Burkersroda, der gegen Ende der Weimarer Republik schon die ersten niederländischen Reaktionen auf den zu einer Massenbewegung heranwachsenden Nationalsozialismus registrierte – zwiespältige Reaktionen, wie dies auch im Schriftverkehr zwischen dem niederländischen Gesandten in Berlin und seinem Außenminister deutlich wird.[24] Die Beziehungen zwischen beiden Ländern waren von der Machtergreifung bis hin zum Überfall auf die Niederlande 1940 von Spannungen, durchaus auch Schärfe des Tons und schließlich versuchter Einflussnahme von deutscher Seite geprägt. Sie gestalteten sich schwierig, weil die Regierung jüdischen und politischen Flüchtlingen Obdach bot und zugleich nationalsozialistische Infiltrationsversuche in der Form von Organisationsbildung auf niederländische Abwehr stießen, wie es allein schon die selbstverordnete Neutralität gebot; sie gestaltete sich auch schwierig, weil es eine deutliche Abhängigkeit der niederländischen Wirtschaft vom deutschen Markt (Agrarerzeugnisse) gab, und schließlich war diese Beziehung grundsätzlich problematisch, weil hier eine Diktatur einer Demokratie gegenüberstand, ein Unrechtsstaat einem Rechtsstaat, in dem die Grundrechte noch etwas galten, wenngleich zuweilen Kritik an der eigenen parlamentarischen Praxis auftauchte.[25]

Es ist festzustellen, dass die deutsch-niederländische Beziehung in dieser Phase bis 1940 auch informell über den Kontakt von Wirtschafts- und ähnlichen Interessenverbänden mitgestaltet wurde.[26] Ganz wesentlich bestand jedoch die tägliche Praxis der

[24] Hierzu den Abschnitt V. 3–6 in Lademacher, *Zwei ungleiche Nachbarn;* auch ders., *Die Niederlande. Politische Kultur zwischen Individualität und Anpassung,* Berlin 1993 (1996), S. 549ff.
[25] de Jonge, A. A., *Crisis en critiek der democratie,* Assen 1968.
[26] Es sei auf die Begegnung der Deutsch-Niederländischen Gesellschaft mit führenden Vertretern der niederländischen Wirtschaft verwiesen, die nichts von einer Animosität gegenüber dem nationalsozialistischen Regime erkennen lassen. Siehe dazu Lademacher, *Zwei ungleiche Nachbarn,* S. 132ff.

eigen invloed bij de pers, bij culturele instellingen en bij de economische belangengroepen te vergroten. Een waarlijk ambitieus programma, dat echter nog aanzienlijk zwaarder werd toen het gezantschap de diplomatische schakel moest worden tussen Nederland en de militante nationaal-socialistische buitenlandse politiek van Duitsland. De diplomatieke vertegenwoordiger in deze periode was graaf Julius Zech von Burkersroda die van 1928 tot 1940 in Den Haag resideerde. Hij registreerde tegen het eind van de Weimar-republiek al de eerste Nederlandse reacties op het tot een massabeweging uitgroeiende nationaal-socialisme. Deze reacties waren overigens tweeslachtig, zoals ook uit de briefwisselingen tussen de Nederlandse gezant in Berlijn en de Nederlandse minister van Buitenlandse Zaken duidelijk wordt.[24] De betrekkingen tussen beide landen werden van de machtsovername door de nationaal-socialisten tot de inval in Nederland in 1940 gekenmerkt door spanningen, een scherpe toon en ook door pogingen van Duitsland invloed uit te oefenen. De betrekkingen waren moeizaam omdat de Nederlandse regering joden en politieke vluchtelingen opnam en omdat tegelijkertijd pogingen van de nationaal-socialisten om organisaties te vormen en zo te infiltreren in Nederland op weerstand stuitten, alleen al vanwege de zelf opgelegde neutraliteit. De betrekkingen waren ook moeizaam omdat de Nederlandse economie afhankelijk was van de Duitse markt, vooral als het ging om agrarische producten. Dat hier een dictatuur tegenover een democratie stond, een onrechtstaat tegenover een rechtstaat, waar waarde werd gehecht aan de grondrechten, hoewel er af en toe zeker kritiek was op het functioneren van het eigen parlement, maakte de betrekkingen principieel problematisch.[25]

[24] Hierover hoofdstuk V. 3-6 in Lademacher, *Zwei ungleiche Nachbarn;* zie ook Lademacher, *Die Niederlande. Politische Kultur zwischen Individualität und Anpassung,* p. 549ev.
[25] Jonge, Anthonius A.,de, *Crisis en critiek der democratie,* Assen 1968.

Diplomaten nicht nur in der Bereinigung von Missverständnissen, sondern in der Beobachtung und Beeinflussung der Presse allgemein. Aggressives Verhalten zeichnete das deutsche Auftreten auf – ein Verhalten, das sicherlich keineswegs dem Geschmack des adligen konservativen Zech von Burkersroda entsprach, auch wenn dieser die frühen außenpolitischen Ziele seines Dienstherrn durchaus teilen mochte. Er gehörte nicht der NSDAP an und konnte sich der kritischen Beobachtung seitens einiger Mitarbeiter in der Gesandtschaft gewiss sein. Die Gesandtschaft erhielt 1934 den Posten eines Presseattachés zugewiesen, den in den ersten Jahren Karl Otto Faber wahrnahm, der seit 1932 der NSDAP angehörte. Die Einrichtung von Presseattaché-Stellen an Gesandtschaften weist hin auf die Bedeutung, die man der Presse sowohl für die Abwehr von Angriffen gegen das Reich als auch für die Beeinflussung der Landespresse zugunsten des Reiches beimaß. Jedenfalls war die Arbeit des Gesandten Zech mehr denn je von Gesprächen mit dem niederländischen Außenminister oder Ministerpräsident Colijn ausgefüllt, die dazu dienten, die Regierung auf eine strikte Neutralität zu verpflichten und entsprechend auch die Landespresse an diese Verpflichtung zu erinnern. Pressekritik als diplomatischer Alltag, könnte man sagen.[27] Anhaltende Klagen aus Berlin über das Fehlverhalten der niederländischen Presse und die Verschärfung des Umgangstons miteinander, die vornehmlich von der nationalsozialistischen deutschen Presse beigesteuert wurden, sind die wesentlichen Merkmale der Gesandtschaft des Julius Graf Zech von Burkersroda.

Dieser Gesandte, der selbst von der strikten Neutralität der Niederlande überzeugt und ein großer Freund der Niederlande war, wo er immerhin eine zwölfjährige Amtszeit

[27] Siehe dazu insgesamt Stoop, Paul, *Niederländische Presse unter Druck. Deutsche auswärtige Pressepolitik und die Niederlande, 1933–1940,* München u.a. 1987. Zum Aufbau der Presse-Abteilung siehe ebd. S. 84ff. Dort auch Aussagen zu Zech von Burkersroda nach Jong, Louis de, *Het Koninkrijk der Nederlanden in de Tweede Wereldoorlog,* I, 's-Gravenhage 1969, S. 564.

De Duits-Nederlandse betrekkingen kregen in deze fase tot 1940 ook informeel gestalte via contacten tussen werkgevers- en werknemersorganisaties en vergelijkbare belangengroeperingen.[26] De dagelijkse praktijk van de diplomaten bestond echter heel duidelijk niet alleen uit het uit de weg ruimen van misverstanden, maar ook uit het observeren en beïnvloeden van de pers in het algemeen. Het Duitse optreden werd gekarakteriseerd door agressief gedrag, dat zeker niet in de stijl was van de adellijke conservatief Zech von Burkersroda ook al stond hij in deze periode achter de buitenlandse politiek van zijn land. Hij was geen lid van de NSDAP en kon erop rekenen scherp in de gaten te worden gehouden door enkele medewerkers van het gezantschap. In 1934 kreeg het gezantschap een post voor een persattaché, die in de eerste jaren werd vervuld door Karl Otto Faber, sinds 1932 lid van de NSDAP. Het creëren van posten voor persattachés bij de gezantschappen geeft aan welke betekenis het regime toekende aan de pers, zowel om aanvallen op het Duitse Rijk af te weren als om de pers in het desbetreffende land te beïnvloeden. In ieder geval bestond het werk van gezant Zech meer dan ooit uit gesprekken met de Nederlandse minister van Buitenlandse Zaken of met regeringsleider Colijn, die alle tot doel hadden de regering strikte neutraliteit te laten beloven en ook, in overeenstemming hiermee, de landelijke pers aan deze verplichting te herinneren. Men zou het kritiek op de pers als dagelijks werk van een diplomaat kunnen noemen.[27] De periode van Zech von Burkersroda als gezant wordt in belangrijke mate gekenmerkt door herhaaldelijke aanklachten vanuit Berlijn over het wangedrag van de Nederlandse pers en door de verscherpte omgangs-

[26] Vgl. de ontmoeting van de Deutsch-Niederländische Gesellschaft met vooraanstaande vertegenwoordigers uit het Nederlandse bedrijfsleven, waar geen spoor van animositeit tegenover het nationaal-socialistische regime was te bekennen. Zie hierover Lademacher, *Zwei ungleiche Nachbarn,* p. 132ev.
[27] Hierover Stoop, Paul, *Niederländische Presse unter Druck. Deutsche auswärtige Pressepolitik und die Niederlande, 1933–1940,* München etc. 1987. Voor de opbouw van de persafdeling zie ibid. p. 84ev. Daar ook uitspraken over Zech von Burkersroda. En Jong, Louis de, *Het Koninkrijk der Nederlanden in de Tweede Wereldoorlog I,* 's-Gravenhage 1969, p. 564.

verbrachte, hat dem niederländischen Kabinett im Mai 1940 die deutsche Erklärung zu dem Stunden zuvor schon begonnenen Angriff gegen die Niederlande überbringen müssen. Außenminister van Kleffens, der die Erklärung entgegennahm, hat später berichtet, dass der Gesandte in Tränen ausgebrochen sei und das Papier nicht habe vortragen können und es schließlich dem Außenminister zur Lektüre übergeben habe.[28]

Das Kriegsgeschehen dauerte zwar nur wenige Tage, doch gehörte der schwere deutsche Luftangriff auf Rotterdam am 14. Mai 1940 dazu, der nicht nur große Teile dieser Hafenstadt zerstörte, sondern auch annähernd 1000 Niederländer das Leben kostete. Der Rotterdamer Pfarrer und Pazifist Johannes Jacobus Buskes hat diesen Tag der Zerstörung und des Todes aus eigenem Erleben beschrieben und den traumatischen Gehalt eines solchen Geschehens anklingen lassen. Der Zweite Weltkrieg beendete eine – und das wird man sich klarmachen müssen – jahrhundertelange Phase der friedlichen Beziehungen zwischen Preußen-Deutschland und den Niederlanden, die durchaus spannungsgeladen war, weil Argwohn und Misstrauen sie geprägt hatten. Am Ende eines Krieges, in dem die Besatzungsmacht die Niederländer nicht nur mit der Vernichtung der niederländischen Juden konfrontierte, sondern insgesamt den ganzen Apparat einer bis dahin im Lande ungekannten Repression einsetzte und bei den Niederländern eine neue Erfahrung des Leidens hervorrief, stand zunächst die völlige Abkehr vom Nachbarn an der Ostgrenze. Begreifliche emotionsgeladene Feindschaft gegenüber den „moffen" prägte das Denken des größten Teils der Bevölkerung. Doch bestimmte noch vor der Gründung der Bundesrepublik Deutschland in Regierungskreisen kühle Rationalität die Szene, die

[28] Siehe de Jong, *Het Koninkrijk*, Bd. 3, S. 42f.

toon die voornamelijk van buiten, door de Duitse nationaal-socialistische, pers wordt ingebracht.

Deze gezant, die zelf overtuigd was van de strikte Nederlandse neutraliteit en Nederland, waar hij tenslotte twaalf jaren van zijn ambtsperiode had doorgebracht, ook zeer welgezind was, moest het Nederlandse kabinet in mei 1940 de officiële verklaring met betrekking tot de Duitse inval, die enkele uren daarvoor was begonnen, overbrengen. Minister van Buitenlandse Zaken Kleffens nam de verklaring in ontvangst en meldde later dat de gezant in huilen was uitgebarsten en het papier niet had kunnen voorlezen. Hij had het de minister uiteindelijk maar gegeven om zelf te lezen.[28]

De oorlogshandelingen duurden slechts enkele dagen, maar de zware luchtaanvallen op Rotterdam van 14 mei 1940, verwoestten niet alleen grote delen van de havenstad, maar kostten ook bijna 1000 Nederlanders het leven. De Rotterdamse predikant en pacifist Johannes Jacobus Buskes heeft zijn eigen ervaringen op deze dag van verwoesting en dood beschreven en zo het trauma na zo'n gebeurtenis laten doorklinken. De Tweede Wereldoorlog maakte een eind aan een periode van honderden jaren van vreedzame betrekkingen tussen Pruisen en Nederland, ook al werden deze betrekkingen vaak gekenmerkt door spanningen, argwaan en wantrouwen. Aan het eind van de oorlog, waarin de bezettingsmacht de Nederlanders niet alleen had geconfronteerd met de vernietiging van de Nederlandse joden, maar ook een heel apparaat van tot dan toe ongekende repressie had ingezet, dat de Nederlanders had laten lij-

[28] Zie Jong, L. de, *Het Koninkrijk*, dl.3, p. 42ev.

letztlich auf eine aus der unmittelbaren Vergangenheit resultierende Emotionalität keine Rücksicht nehmen konnte. Man mag die von der niederländischen Regierung und vor ihr noch von einzelnen Annexionsausschüssen geforderten Gebietskorrekturen an der deutsch-niederländischen Grenze als emotionsbedingt einstufen, der Vorgang, der mit einer Minimallösung unter dem Motto „Der Berg kreißt und gebiert eine Maus“ endete, ließ zwar Aktenberge entstehen, entbehrte aber der wirklichen Relevanz für das deutsch-niederländische Verhältnis. Die niederländische Nachkriegspolitik ging nicht mehr von Neutralität aus, sondern von der Einbindung des Landes in einen sich im Zuge

Das Dokument: die angebliche Bedrohung der Niederlande durch Deutschland, Politisches Archiv des Auswärtigen Amtes.

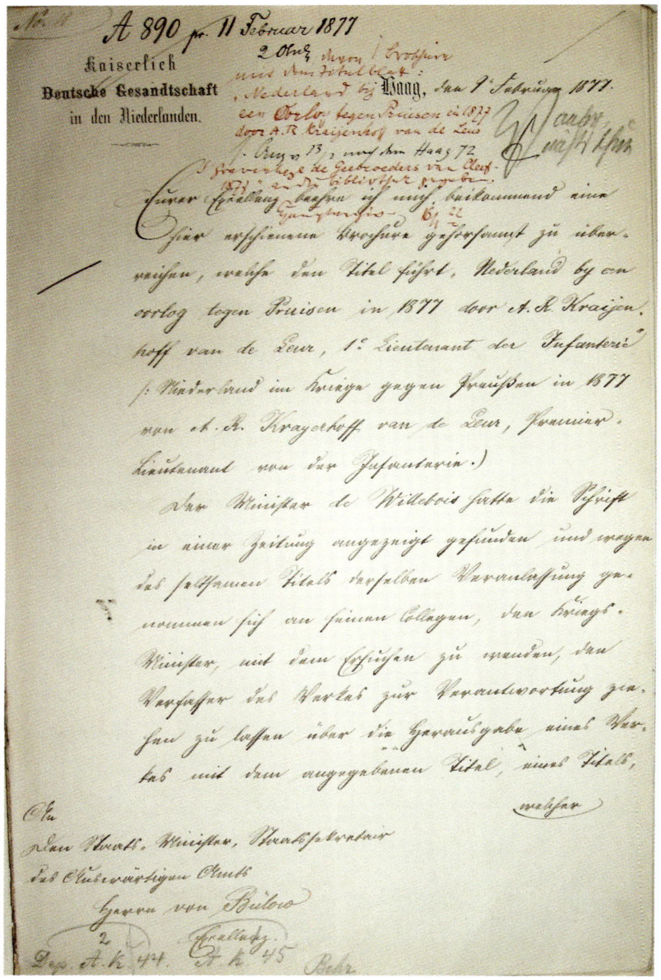
A 890 pr. 11 Februar 1877

Kaiserlich Deutsche Gesandtschaft in den Niederlanden.

Haag, den 9. Februar 1877.

Euer Excellenz beehre ich mich beikommend eine hier erschienene Broschüre gehorsamst zu überreichen, welche den Titel führt, „Nederland by een oorlog tegen Pruisen in 1877 door A. K. Kraijenhoff van de Leur, 1e Luitenant der Infanterie“ (Niederland im Kriege gegen Preußen in 1877 von A. K. Krayenhoff van de Leur, Premier-Lieutenant von der Infanterie.)

Der Minister de Willebois hatte die Schrift in einer Zeitung angezeigt gefunden und wegen des seltsamen Titels derselben Veranlassung genommen sich an seinen Collegen, den Kriegs-Minister, mit dem Ersuchen zu wenden, den Verfasser des Werkes zur Verantwortung ziehen zu lassen über die Herausgabe eines Werkes mit dem angegebenen Titel, eines Titels, welcher

An den Staats-Minister, Staatssekretair des Auswärtigen Amts Herrn von Bülow

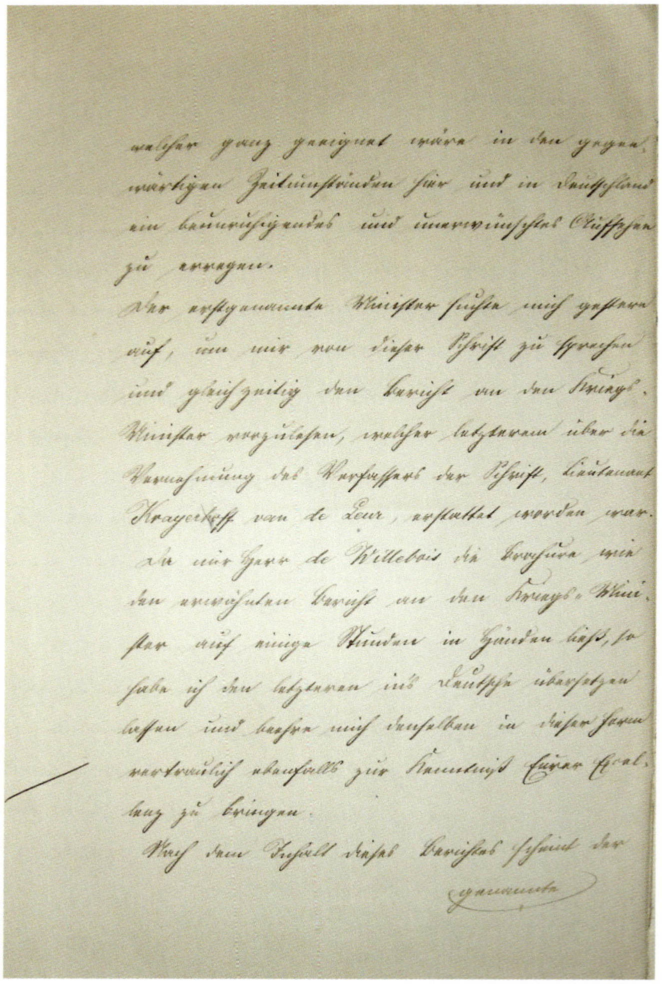
welcher ganz geeignet wäre in den gegenwärtigen Zeitumständen hier und in Deutschland ein beunruhigendes und unerwünschtes Aufsehen zu erregen.

Der erstgenannte Minister suchte mich gestern auf, um mir von dieser Schrift zu sprechen und gleichzeitig den Bericht von dem Kriegs-Minister vorzulesen, welcher letzterem über die Veranlassung des Verfassers der Schrift, Lieutenant Krayenhoff van de Leur, erstattet worden war.

Da mir Herr de Willebois die Broschüre mit dem erwähnten Bericht an den Kriegs-Minister auf einige Stunden in Händen ließ, so habe ich den letzteren ins Deutsche übersetzen lassen und beehre mich denselben in dieser Form vertraulich ehrerbietigst zur Kenntniß Euer Excellenz zu bringen.

Nach dem Inhalt dieses Berichtes scheint der genannte

den als nooit tevoren, bestond er aanvankelijk alleen een totale afkeer van het buurland in het oosten. Begrijpelijke, emotioneel geladen vijandigheid tegenover de “moffen” bepaalde het denken van het grootste deel van de bevolking. Toch overheerste in regeringskringen, nog voor de oprichting van de Bondsrepubliek Duitsland, een koele rationaliteit, die geen rekening kon houden met emoties die werden gevoed door het recente verleden. De grenscorrecties die door de Nederlandse regering en daarvoor door verschillende annexatiecomités werden geëist, waren misschien ingegeven door emoties. Het proces, dat met een minimaal resultaat werd afgerond onder het motto “de berg heeft een muis gebaard”, leverde weliswaar stapels dos-

Het document: de vermeende bedreiging van Nederland door Duitsland, politiek archief van het ministerie van buitenlandse zaken.

des Kalten Krieges aufbauenden westeuropäischen Sicherheitsrahmen. In diesem Zusammenhang musste sich die Frage nach der künftigen Position des (westlichen) Deutschland im neuen Mächtekonzert stellen. Dass man nicht über das neue Deutschland hinweggehen konnte, war recht bald für alle Beteiligten einsichtig oder wurde recht rasch von amerikanischer Seite einsichtig gemacht. Dazu kam, dass sich die niederländische Wirtschaftsstruktur nicht geändert hatte und die Abhängigkeit vor allem der Agrarerzeugung vom deutschen Markt bestehen blieb, was wiederum bestimmte Voraussetzungen für die deutsche Wirtschaftsstruktur mit sich brachte. Vorschläge, wie sie

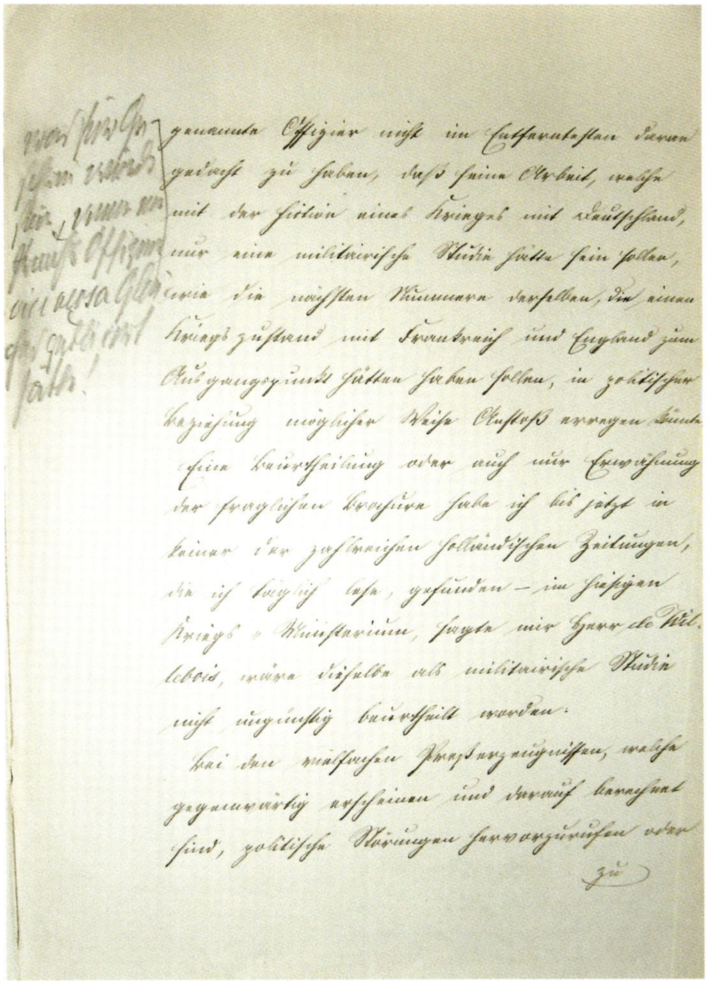

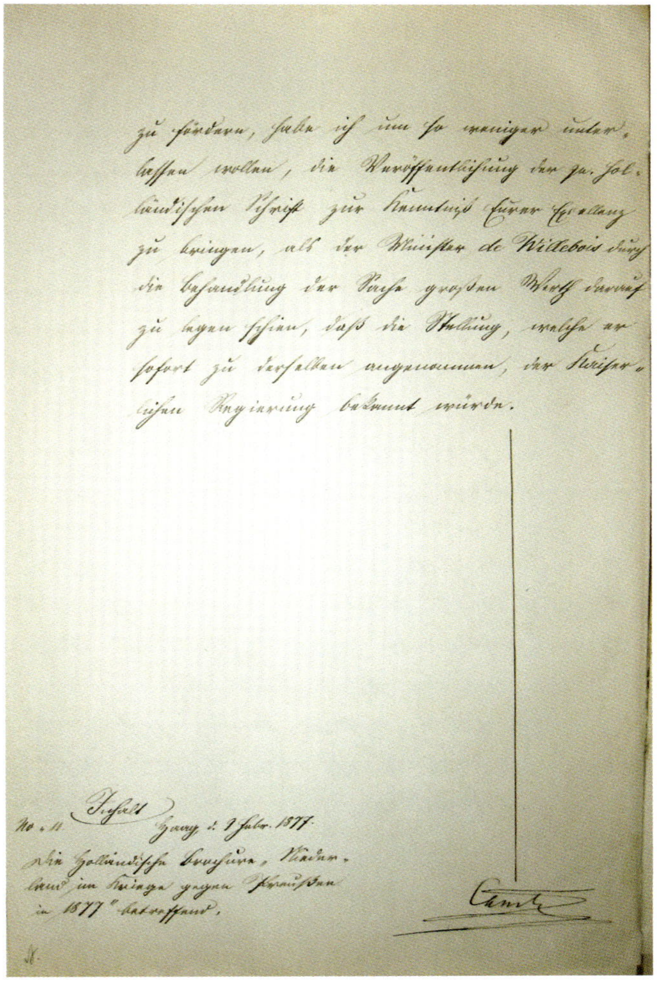

siers op, maar was niet werkelijk van belang voor de Duits-Nederlandse betrekkingen. Na de oorlog kwam er een eind aan de Nederlandse politiek van neutraliteit. In deze periode zocht Nederland een positie in een West-Europees veiligheidskader dat in de tijd van de Koude Oorlog gestalte kreeg. Cruciaal was daarbij de vraag welke positie (West) Duitsland in deze nieuwe machtsconstellatie moest gaan innemen. Alle partijen zagen al snel, en anders werd dit door de Amerikanen wel duidelijk gemaakt, dat men niet eenvoudigweg aan Duitsland voorbij kon gaan. Daar kwam bij dat de Nederlandse economische structuur niet was veranderd. De afhankelijkheid van de Duitse markt, vooral wat betreft landbouwproducten, bleef bestaan en dit hield der Morgenthau-Plan enthielt, waren für die Niederlande daher auch nicht akzeptabel. Die niederländische Politik zielte auf Wahrung einer – nach Abzug der Rüstungswirtschaft – nahezu ungebrochenen deutschen Wirtschaftskapazität, da nur so eine neue niederländische Wirtschaftskraft geschaffen werden konnte Es war schon richtig, wenn der britische Botschafter in Den Haag im April 1946 schrieb: „Der verzwickte Sachverhalt für sie [die Niederländer] ist, dass sie sich eigentlich Deutschland aus militärischen Erwägungen schwach und geteilt wünschen müssen, während ihre Handelsinteressen deutlich so ausgerichtet sind, dass sie in enger Beziehung zu Deutschland gepflegt werden müssen.“[29] Weder eine Aufteilung Deutschlands, wie sie anfangs Frankreich noch vorgesehen hatte, noch wirtschaftliche Niederhaltung kamen in Frage. Die Niederländer folgten in ihrer Außenpolitik einfach den Westmächten mit Amerika an der Spitze, was freilich nicht ausschloss, dass man einer gewissen Kontrolle des Wirtschaftsgeschehens im Ruhrgebiet das Wort redete. Dabei ging es nicht nur um die Erhaltung der Märkte für den niederländischen Agrarexport, sondern auch um die Sicherstellung niederländischer Investitionen, die vor dem Kriege getätigt worden waren. Hirschfeld, ein herausragender Wirtschaftsexperte im niederländischen Außenministerium, wusste das niederländische Anliegen am besten zu formulieren. Abgesehen davon, dass ihm die Einbindung des deutschen Wirtschaftspotentials in die europäische Wirtschaftsentwicklung als Lösung der Zukunft erschien – die EGKS (Montanunion) von 1951 bot die Form einer solchen Einbindung –, wollte er zwar nicht ganz auf deutsche Reparationen verzichten, hielt sie in Form einer Demontage aber nur für begrenzt sinnvoll und lehnte sie

[29] Grundsätzlich und im Einzelnen hierzu Lademacher, *Zwei ungleiche Nachbarn,* ab S. 194 (Kapitel VI.5 bis zum Ende). Zitat S. 203.

weer bepaalde gevolgen in voor de Duitse economie. Voorstellen zoals die in het Morgenthauplan werden gedaan, waren voor Nederland dan ook niet acceptabel. De Nederlandse politiek streefde een handhaving van de vrijwel intacte Duitse economische capaciteit na, omdat alleen op die manier nieuwe economische kracht in Nederland kon worden geschapen. Uiteraard moest de wapenindustrie worden afgebouwd. Het klopte wel wat de Britse ambassadeur in Den Haag schreef in april 1946: "De lastige situatie voor hen [de Nederlanders] is dat ze eigenlijk uit militaire overwegingen een zwak en verdeeld Duitsland zouden moeten wensen, maar hun economische belangen zijn zodanig dat ze een nauwe relatie met Duitsland moeten onderhouden."[29] Noch een opdeling van Duitsland, zoals Frankrijk dat aanvankelijk op het oog had, noch het in economisch opzichten klein houden van het land was acceptabel. Nederland volgde in zijn buitenlandse politiek eenvoudig de westelijke mogendheden, met Amerika voorop. Dit sloot echter niet uit dat men zich sterk maakte voor een zekere controle op de activiteiten in het Roergebied. Het ging hierbij niet om het behoud van de markt voor Nederlandse agrarische producten, maar om het veiligstellen van Nederlandse investeringen van voor de oorlog. Hirschfeld, een uitstekend econoom op het Nederlandse ministerie van Buitenlandse Zaken, wist de Nederlandse wens het best te formuleren. Het opnemen van Duitsland als economische macht, in de Europese economische ontwikkeling leek hem de oplossing voor de toekomst en de EGKS, die in 1951 werd opgericht, bood deze mogelijkheid. Toch wilde Hirschfeld niet geheel afzien van herstelbetalingen, maar in de vorm van een ontmanteling leek het hem maar gedeel-

[29] Voor een overzicht en voor details zie Lademacher, *Zwei ungleiche Nachbarn,* vanaf p. 194 (hoofdstuk VI.5 tot aan het slot) Citaat op p. 203.

vollends aus der laufenden Produktion ab, solange nicht eine Mindestversorgung der Bevölkerung sichergestellt war. Der Grund: „Letztlich werden Reparationszahlungen den Absatz ausländischer Waren auf dem deutschen Markt erschweren, wenn man Deutschland nicht Anleihen gibt. Dies muss auf lange Sicht wieder zu einer großen Krise führen." Für Hirschfeld reichte ein begrenzter Abbau der Rüstungsindustrie schon aus.[30]

Diese für eine Wiederaufnahme der diplomatischen Beziehungen im Kern günstige Konstellation bot recht gute Voraussetzungen für die Wiederaufnahme diplomatischer Beziehungen, die dann auch 1951 nach ersten Änderungen des Besatzungsstatuts erfolgte. Ein Wiedereinzug in das Haus Schuylenburch war jedoch nicht möglich. Die zurückhaltende Anfrage der Bundesrepublik wurde abschlägig beschieden. Das Haus war als „feindliches Gut" beschlagnahmt worden.[31] Das Kabinett weigerte sich, auch nur einen Teil des Hauses zur Verfügung zu stellen. Ministerpräsident Drees wies in diesem Zusammenhang darauf hin, dass Den Haag eine Reihe von Kriegsschäden erlitten hatte.[32] Das Haus wurde dem Marineministerium übergeben und erst 1960 im Rahmen des deutsch-niederländischen Ausgleichsvertrages wieder der Bundesrepublik übertragen.[33]

Die für die Entwicklung enger nachbarschaftlicher Beziehungen günstige weltpolitische Konstellation, die unter dem Titel *Kalter Krieg* geführt wurde und von der Historiographie noch geführt wird, bedeutete keine Aufhebung eines grundsätzlichen Konflikts zwischen beiden Ländern, weil Erinnerung sich eben nicht einfach wegwischen lässt. Praktisch in Wiederaufnahme britischer Beobachtungen, die vor Gründung der Bundesrepublik angestellt worden waren, stellte der erste deutsche Nachkriegsbotschafter in

[30] Zitiert ebd. S. 207.
[31] Schon durch Verordnung E 133 der niederländischen Exilregierung, nach der alles Reichsvermögen auf niederländischem Territorium als Feindvermögen zu beschlagnahmen war (1944).
[32] Wielenga, Friso, *West-Duitsland: partner uit noodzaak. Nederland en de Bondsrepubliek 1949–1955,* Utrecht 1989, S. 53.
[33] Zum Ausgleichsvertrag und den langwierigen Verhandlungen dazu siehe Peter Helmberger, „Der Versuch einer Generalbereinigung. Die Verhandlungen zwischen den Niederlanden und der Bundesrepublik um den Ausgleichsvertrag vom 8. April 1960", in: *Jahrbuch des Zentrums für Niederlande-Studien,* 4/1993, S. 71–98.

telijk zinvol en betalingen die de lopende productie in gevaar brachten, wees hij af, zolang er geen garanties waren op minimale voorzieningen voor de burgers. De reden: "Uiteindelijk zullen herstelbetalingen de afzet van buitenlandse producten op de Duitse markt bemoeilijken, als Duitsland geen leningen krijgt. Dit moet echter op de lange duur weer tot een grote crisis leiden." Voor Hirschfeld was een beperkte afbouw van de wapenindustrie al voldoende.[30]

Deze situatie was in principe gunstig voor het weer opnemen van de diplomatieke betrekkingen, hetgeen dan ook in 1951, na de eerste veranderingen van het bezettingsstatuut, gebeurde. Het was echter niet mogelijk weer terug te keren naar het Huis Schuylenburch. Op de voorzichtige vraag vanuit de Bondsrepubliek werd afwijzend gereageerd. Het huis was als vijandelijk vermogen in beslag genomen.[31] Het kabinet weigerde ook slechts een deel van het huis ter beschikking te stellen. Minister-president Drees wees er in dit verband op dat er in Den Haag veel schade was aangebracht door oorlogshandelingen.[32] Het huis werd ter beschikking gesteld van het ministerie van Marine en pas in 1960, in het kader van het Nederlands-Duitse *Ausgleichsvertrag*, weer aan de Bondsrepubliek overgedragen.[33]

Op het politieke wereldtoneel zorgde de Koude Oorlog voor een klimaat dat in principe gunstig was voor de ontwikkeling van de betrekkingen tussen de beide buurlanden. Toch kwam er met de Koude Oorlog geen einde aan de onderhuidse spanningen tussen Duitsland en Nederland, omdat herinneringen niet zo makkelijk uit te wissen zijn. De eerste Duitse ambassadeur na de oorlog in Den Haag, Karl du Mont, stelde vast dat "het brede publiek in het land gevoels-

[30] Cit. ibid.p. 207.
[31] Vgl. verordening E 133 van de Nederlandse regering in ballingschap, volgens welke het hele vermogen van het Duitse Rijk op Nederlands grondgebied als vijandelijk vermogen gold en in beslag genomen moest worden (1944).
[32] Wielenga, Friso, *West-Duitsland: partner uit noodzaak. Nederland en de Bondsrepubliek 1949–1955,* Utrecht 1989, p. 53.
[33] Voor het *Ausgleichsvertrag* en de moeizame onderhandelingen daarover zie Peter Helmberger, "Der Versuch einer Generalbereinigung. Die Verhandlungen zwischen den Niederlanden und der Bundesrepublik um den Ausgleichsvertrag vom 8. April 1960", in: *Jahrbuch des Zentrums für Niederlande-Studien,* 4 / 1993, p. 71–98.

Den Haag, Karl du Mont, fest, dass „die breite Öffentlichkeit des Landes gefühlsmäßig noch außer Stande [ist], der neuen Lage in vollem Umfang Rechnung zu tragen, da der Hass noch nicht überwunden werden konnte.“[34] Und vielleicht hat es du Monts Nachfolger Hans Mühlenfeld noch pointierter ausgedrückt, wenn er von der „oft zwiespältigen Wirklichkeit“ sprach, „die von dem vorwärtsdrängenden Verstand und dem zögernden Gemüt bestimmt wird.“[35] Diese letzte Bemerkung wurde schon 1954 niedergeschrieben. Es ist hier nicht der Ort, die zahlreichen Beispiele eines tief verwurzelten Misstrauens und auch der Feindschaft aufzuführen. Eine solche Grundhaltung zu überwinden war einfach ein schwieriges Unterfangen. Das wussten auch die Bonner Beamten, die dem Botschafter Mühlenfeld schriftlich bestätigten, dass Den Haag einer der schwierigsten Orte für die deutsche Diplomatie sei. Wer da geglaubt haben sollte, dass die umfangreiche und wirkungsvolle deutsche Hilfe bei der großen Flut 1953 einen die Konfrontation mildernden Effekt hatte, musste sich getäuscht sehen. Mühlenfeld

Innenhof des Hauses Schuylenburch. Wegen des Kutschenhauses an der Hoge Nieuwstraat blieb kein Raum für einen Garten.

matig nog niet in staat [is] volledig rekening te houden met de nieuwe situatie, omdat de haat nog niet kon worden overwonnen.”[34] Hiermee sloot hij aan bij hetgeen aan Britse zijde was vastgesteld, nog voor de oprichting van de Bondsrepubliek. Misschien formuleerde Du Monts opvolger Hans Mühlenfeld het nog puntiger, toen hij sprak over de “vaak gespleten werkelijkheid, die door het voorwaarts strevende verstand en het aarzelende gemoed wordt bepaald.”[35] Deze laatste opmerking is uit 1954. We gaan hier niet nader in op de talrijke voorbeelden van diep geworteld wantrouwen of zelfs van vijandschap. Het was eenvoudigweg een moeilijke onderneming een dergelijke grondhouding te overwinnen. Dat wisten de ambtenaren in Bonn ook, die ambassadeur Mühlenfeld schriftelijk bevestigden dat Den Haag een van de moeilijkste posten was voor de Duitse diplomaten. Wie geloofde dat de omvangrijke en effectieve Duitse hulp bij de watersnoodramp in 1953 een verzachtend effect had op de sfeer van confrontatie, had zich vergist.

Binnenplaats van het Huis Schuylenburch. Vanwege het koetshuis aan de Hoge Nieuwstraat bleef er geen plaats over voor een tuin.

war nüchtern genug, um das festzustellen.[36] Im Grunde haben die ersten deutschen Diplomaten in Den Haag schon früh einige Aussagen getroffen, die vom richtigen Einblick in die Komplexitätsowie die psychologische Qualität im deutsch-niederländischen Verhältnis in der Nachkriegszeit zeugen. Das gilt auch für jene Botschafter gültige Aussagen, die nach dem Ausgleichsvertrag in den Niederlanden tätig wurden und die Befriedung vor allem des transnationalen Verhältnisses mit zu ihrem Aufgabengebiet zählten.

Diese Tätigkeit ging bald wieder von der Residenz Haus Schuylenburch aus. Das Gebäude befand sich bei der Rückgabe 1960 in einem sanierungsbedürftigen Zustand. Die Bundesregierung begann die Sanierungsarbeiten 1964 unter Mitwirkung des Rijkdienst voor de Monumentenzorg. Die Kosten beliefen sich auf 3,5 Millionen DM. 1968 war dieses Patrizierhaus aus dem 18. Jahrhundert in seiner alten Pracht wiederhergestellt.

34 Zit. bei Wielenga, *West-Duitsland,* S. 347.
35 Ebd.
36 Ebd. S. 350f. über die Reaktionen in der deutschen und niederländischen Presse und bei der deutschen Botschaft.

Mühlenfeld was nuchter genoeg om dat vast te stellen.[36] Feitelijk hebben de eerste Duitse diplomaten in Den Haag al heel vroeg enkele uitspraken gedaan die getuigen van een juist inzicht in de complexiteit en vooral in de psychologische kant van de Duits-Nederlandse betrekkingen van na de Tweede Wereldoorlog. Deze uitspraken gelden ook voor die ambassadeurs die na het *Ausgleichsvertrag* in Nederland gingen werken en die op het gebied van de transnationale verhoudingen vooral een beleid van verzoening wilden voeren.

Deze missie werd al snel weer vanuit Huis Schuylenburch uitgevoerd. Na de teruggave in 1960, was het gebouw aan sanering toe. De Bondsregering begon in 1964, met medewerking van de Rijksdienst voor de Monumentenzorg aan de renovatiewerkzaamheden. De kosten bedroegen 3,5 miljoen DM. In 1968 was het patriciërshuis uit de 18e eeuw in zijn oude luister hersteld.

34 Cit. bij Wielenga, *West-Duitsland: partner uit noodzaak.* p. 347.
35 Ibid.
36 Ibid. p. 350 ev. over de reacties in de Duitse en Nederlandse pers en bij de Duitse ambassade.

Regenten als architektonische Trendsetter

DAS HAUS SCHUYLENBURCH

RUDOLPHINE EGGINK

HET HUIS SCHUYLENBURCH

regenten als architectonische smaakmakers

Das Haus Schuylenburch am Lange Vijverberg in Den Haag wird schon seit fast drei Jahrhunderten als eines der schönsten Wohnhäuser der Residenzstadt betrachtet. Jacob de Riemer schrieb bereits 1736, dass das Gebiet nördlich des Hofteichs „rings herum mit sehr vornehmen Wohnhäusern bebaut ist, unter denen sich einige befinden, die Palästen in anderen Ländern in nichts nachstehen." Dabei stand ihm ohne Zweifel auch das Haus Schuylenburch vor Augen, das sich mit seiner breiten und hohen Fassade aus Naturstein stark von den Nachbarhäusern abhob, die viel kleiner waren und noch überwiegend Treppengiebel besaßen.

Die Fassade des Hauses Schuylenburch.

Das Areal um den Hofteich war seit alters her bei Hofwürdenträgern und Regenten beliebt. Zu dieser Gruppe gehörte auch Willem van Schuylenburch (1646–1707), Herr von Duckenburg, Schöffe und Bürgermeister von Den Haag und Protokollführer des statthalterlichen Domänenrats. Schuylenburch war ein Vertrauter des König-Statthalters Willem III., den er bedingungslos unterstützte. Er besaß ein großes Vermögen und sammelte Kunst. Außerdem förderte er zeitgenössische Künstler, zum Beispiel den Maler von Kammer- und Dekorationsstücken, Mattheus Terwesten aus Den Haag, den er in seinem Landhaus Westkamp am Loosduinseweg einen Saal ausmalen ließ. Die Geschichte des Hauses Schuylenburch in seiner heutigen Erscheinungsform begann, als dieser Kulturliebhaber 1678 ein Haus mit Seitenflügel am

Het huis Schuylenburch aan de Lange Vijverberg in Den Haag wordt al bijna drie eeuwen tot de mooiste woningen van de residentie gerekend. Jacob de Riemer schreef in 1736 al dat het gebied benoorden de Hofvijver "rondom met zeer voorname woonhuizen bezet is, waar onder verscheidene gevonden werden, die voor paleizen in andere landen niet behoeven te wijken". Daarbij stond hem ongetwijfeld ook het huis Schuylenburch voor ogen, dat met zijn brede en hoge façade van natuursteen sterk afstak bij de naburige woningen, die veel kleiner waren en nog overwegend trapgevels bezaten.

Voorgevel van Huis Schuylenburch.

Het gebied rond de Hofvijver was vanouds geliefd bij hofdignitarissen en regenten. Hiertoe behoorde ook Willem van Schuylenburch (1646–1707), Heer van Duckenburg, schepen en burgemeester van Den Haag en griffier van de stadhouderlijke domeinraad. Schuylenburch was een vertrouweling van de koning-stadhouder Willem III, die hij onvoorwaardelijk steunde. Hij bezat een groot vermogen en verzamelde kunst. Hij trad op als beschermer van eigentijdse kunstenaars als de Haagse schilder van kamer- en decoratiestukken Mattheus Terwesten, die hij een zaal liet beschilderen in zijn buitenhuis Westkamp aan de Loosduinseweg. De geschiedenis van het huis Schuylenburch in zijn huidige verschijningsvorm begon toen deze cultuurminnaar in 1678 een bestaand pand met achterhuis kocht aan de Lange Vijverberg op een diep

Lange Vijverberg kaufte, das auf einer tiefen Parzelle stand, die bis zur dahinter verlaufenden Hoge Nieuwstraat reichte. Schon dieses Gebäude war mit seinen fünf Fensterachsen breiter als die meisten hier sonst üblichen Häuser und es ist denkbar, dass hier schon früher zwei Häuser zusammengefügt worden waren. Die meisten älteren Häuser am Lange Vijverberg waren nicht breiter als drei Fensterachsen. Vermögende Bürger, die ein Haus nach der neusten Mode bauen wollten, waren in den meisten Städten wegen des Platzmangels gezwungen, ihre Zuflucht im Umbau zu nehmen. Im Idealfall konnte man zwei Gebäude zu einem Doppelhaus zusammenfassen. Beliebt war auch die Erweiterung durch Seitenflügel oder durch ein Hinterhaus. Auch wenn es sich an der Straßenseite nicht als solches zeigte, besaß man im Grunde genommen doch ein Doppelhaus, da die Hinterhäuser oft sehr geräumig waren und in ihrer Größe dem Vorderhaus in nichts nachstanden. Sofern es die Parzelle zuließ, nutzte man in diesem Zeitraum die Möglichkeit, Hinterhäuser hinzuzubauen oder zu vergrößern. Auch Willem van Schuylenburch ließ sein neues Haus durchgreifend modernisieren. Es ist jedoch nicht bekannt, wie das Haus nach diesen Veränderungen gestaltet war. Möglicherweise hatte Schuylenburch selbst schon die Idee, sein Haus noch weiter

Philip van Dijck (1680–1753). Porträt des Cornelis van Schuylenburch mit seiner Familie, 1724.

Philip van Dijck (1680–1753). Portret van Cornelis van Schuylenburch en zijn gezin, 1724.

perceel dat doorliep tot de achtergelegen Hoge Nieuwstraat. Deze woning was met zijn vijf traveeën of raambreedtes al meer dan gemiddeld breed en het is denkbaar dat er hierbij sprake was van twee al eerder samengevoegde huizen. De meeste oudere huizen aan de Lange Vijverberg waren niet meer dan drie traveeën breed. Burgers met geld die een woning naar de laatste mode wensten, moesten in de meeste steden vanwege ruimtegebrek hun toevlucht nemen tot verbouwingen. In het ideale geval kon men twee panden samenvoegen tot een dubbel huis, maar ook de woning met achterhuis was zeer in trek. Weliswaar toonde het niet zo aan de straatkant, maar men had dan in feite toch een dubbele woning, want de achterhuizen waren vaak ruim en deden wat formaat betreft niet onder voor het voorste gedeelte van het woonhuis. Als het grondoppervlak dat toestond werden in deze periode veel achterhuizen toegevoegd of vergroot. Ook Willem van Schuylenburch liet zijn nieuwe woning ingrijpend moderniseren. Het is echter niet bekend hoe het huis er uit zag na deze veranderingen. Mogelijk had hij zelf al het idee om zijn woonhuis nog verder te vergroten, want in 1704 kocht hij een aanpalend achterhuis. De uitvoering van een dergelijk plan zou echter pas na zijn dood in 1707 plaatsvinden toen zijn zoon Cornelis (1683–1763) het huis zu vergrößern, da er 1704 ein benachbartes Hinterhaus erwarb. Die Ausführung eines solchen Plans sollte aber erst nach seinem Tode im Jahr 1707 stattfinden, als sein Sohn Cornelis (1683–1763) das Haus erbte. Nachdem ihm 1715 der Kauf des östlichen Nachbarhauses gelang, begann er sofort mit einer großzügigen Erweiterung. An einem der schönsten Orte Den Haags entstand im selben Jahr das würdige Stadtpalais, wie wir es noch heute sehen.

Einfluss aus Frankreich

Dass Cornelis van Schuylenburch seinem neuen Haus so viel Geld und Aufmerksamkeit widmete, passt zu den Verhältnissen der damaligen Zeit. Obwohl er nicht so ehrgeizig war wie sein Vater, spielte Geld keine Rolle. Dank des elterlichen Einflusses hatte er erhebliche Einnahmen aus einigen lukrativen – jedoch wenig Anstrengungen erfordernden – Ämtern, wie Postmeister des Englischen *Comptoirs*, „Pensionaris“ von Zierikzee und Kommissar der Admiralität des Norderkwartieres. Dazu kam 1707 die Erbschaft seines Vaters und 1712 seine Ehe mit einer sehr wohlhabenden Frau, Martha Kemp. Cornelis gehörte also zur gut betuchten Elite, die mehr und mehr Geld für Dinge ausgab, die das Leben schöner und bequemer machten. War das Goldene Jahrhundert von Schlichtheit und Vornehmheit gekennzeichnet, so wurde das 18. Jahrhundert durch das Motto „Wer es lang hat, lässt es lang hängen“ geprägt – am liebsten für jedermann gut sichtbar. Vor allem in der Ausstattung lebte man sich aus, wobei die Orientierung an Frankreich vorherrschend war. Obwohl Frankreich in politischer Hinsicht Ende des 17. Jahrhunderts

erfde. Hij slaagde er in 1715 in het buurhuis aan de oostzijde te kopen en begon direct met een grootse uitbreiding. Op een van de mooiste plekken van Den Haag verrees datzelfde jaar nog het statige stadspaleis zoals wij het nu kennen.

De invloed van Frankrijk

Dat Cornelis van Schuylenburch zoveel geld en aandacht aan zijn nieuwe huis besteedde paste geheel in het tijdsbeeld. Hoewel hij niet zo ambitieus was als zijn vader speelde geld geen rol. Dankzij de ouderlijke invloed genoot hij aanzienlijke inkomsten via enkele lucratieve, maar weinig inspanning vergende baantjes, zoals postmeester van het Engelse comptoir, pensionaris van Zierikzee en gecommitteerde ter Admiraliteit van het Noorderkwartier. Daarboven kwam in 1707 de substantiële erfenis van zijn vader en in 1712 zijn huwelijk met een schatrijke vrouw. Cornelis behoorde zodoende tot de rijke elite, die meer en meer geld uitgaf aan zaken die het leven verfraaiden en comfortabeler maakten. Werd de Gouden Eeuw gekenmerkt door soberheid en deftigheid, de achttiende eeuw was de periode van “wie het breed heeft, laat het breed hangen” en liefst goed zichtbaar. Vooral in het interieur leefde men zich uit, waarbij men zich bij voorkeur op Frankrijk oriënteerde. Hoewel dit land politiek gezien tegen het eind van de 17de eeuw tegenstander was van bijna alle omringende landen, fungeerde het hof van Zonnekoning Lodewijk XIV in cultureel opzicht als referentiepunt voor heel Europa. Daarmee had het de plaats ingenomen van Rome, dat deze rol jarenlang vervuld had. De Franse invloed drong door

Gegner fast aller Nachbarländer war, übte der Hof des Sonnenkönigs Ludwig XIV. in kultureller Hinsicht für ganz Europa Vorbildwirkung aus. Damit hatte es die Stellung Roms eingenommen, das diese Rolle lange Zeit erfüllt hatte. Der französische Einfluss war im gesamten kulturellen Leben spürbar. Wie in vielen europäischen Ländern war auch in den Niederlanden die Umgangssprache der Oberschicht französisch. Man las französische Literatur, besuchte französische Theaterstücke und schrieb Briefe auf Französisch. Diplomatische Kontakte und Reisende vermittelten die neusten künstlerischen Entwicklungen Frankreichs. In den besser gestellten Kreisen war es üblich, dass die Söhne nach ihrem Studium eine so genannte Grand Tour unternahmen, eine Reise entlang der kulturellen Höhepunkte Europas, wobei ein Besuch von Paris ganz oben auf der Wunschliste stand. Wer lieber zu Hause blieb, konnte über die Ansicht von Stichen die neuste Mode verfolgen. Amsterdam war ein wichtiges Handelszentrum für Druckwerke, so erschienen die neusten französischen Ausgaben hier fast zeitgleich auf dem Markt.

Charakteristisch für Raumausstattungen dieser Zeit ist die große stilistische Einheit. Alle Elemente wurden aufeinander abgestimmt; Wände und Decken, Farben, Mobiliar, Fußbodenbeläge, Malereien, Ornamente und Gebrauchsgegenstände wie Porzellan, Silber und Glas. Den Garten bezog man ebenfalls in das Ganze mit ein. Das Haus wurde zum Gesamtkunstwerk, einem Ensemble, in dem alle bildenden Künste im gegenseitigen Zusammenspiel ihren Platz fanden.

Auch dem Statthalter der Republik, Willem III., diente der Stil seines mächtigen Gegners bei der Gestaltung seiner Wohnräume als Leitfaden. Dafür standen ihm zahlrei-

in het gehele culturele leven. In veel Europese landen waaronder ook Nederland werd de voertaal van de bovenlaag grotendeels Frans. Men las Franse literatuur, ging naar Franse toneelstukken en schreef Franse brieven. Dankzij contacten met de ambassades en via toeristen bleef men op de hoogte van de laatste artistieke ontwikkelingen in Frankrijk. In gegoede kringen was het gebruikelijk dat de zonen na hun studie een zogenaamde Grand Tour maakten, een reis langs de culturele hoogtepunten van Europa, en hierbij stond een bezoek aan Parijs hoog op de agenda. Wie liever thuis bleef kon via prenten de nieuwste mode op de voet volgen. Amsterdam was een belangrijk handelscentrum voor drukwerk en de nieuwste Franse uitgaven kwamen hier vrijwel gelijktijdig op de markt.

Karakteristiek voor deze tijd is de grote eenheid van stijl in het interieur. Alles werd op elkaar afgestemd, de wanden en plafonds, de kleuren, het meubilair, de vloerbedekking, de schilderingen, de ornamenten en de gebruiksvoorwerpen als porselein, zilver en glaswerk. De tuin werd eveneens bij het geheel betrokken. De woning werd een totaalkunstwerk, een ensemble, waar alle beeldende kunsten in onderling samenspel hun plek vonden.

Ook de stadhouder van de Republiek Willem III nam bij de aankleding van zijn verblijven de stijl van zijn machtige tegenstander als leidraad. Hij kon zich daarvoor wenden tot een groot aantal zeer getalenteerde Franse kunstenaars en ambachtslieden, die vanaf 1685 als gevolg van de herroeping van het Edict van Nantes naar het noorden was getrokken. Door de golf van geloofsvervolgingen die op deze maatregel volgden konden protestanten hun godsdienst niet che sehr talentierte französische Künstler und Handwerker zur Verfügung, die ab 1685 als Folge der Aufhebung des Edikts von Nantes nach Norden ausgewandert waren. Die in Frankreich verfolgten Protestanten konnten ihren Glauben nicht mehr frei ausüben, deshalb emigrierten sie in Gegenden, wo ein toleranteres Klima herrschte. Ludwig XIV.

Die Untere Halle.

De benedenhal.

meer vrij uitoefenen. Zij weken daarom uit naar streken waar een toleranter klimaat heerste. Lodewijk XIV sneed er zichzelf alleen maar mee in de vingers, want hij verloor er een aantal uitermate creatieve en getalenteerde kunstenaars en wetenschappers mee.

Onder invloed van deze vluchtelingen onderging het culturele leven in het Noorden een enorme opleving. Eén van hen, Daniel Marot (1661 – 1752), bracht het zelfs tot stadhouderlijk schädigte nur sich selbst, denn er verlor zahlreiche äußerst kreative, talentierte Künstler und Wissenschaftler.

Unter dem Einfluss dieser Flüchtlinge erlebte das kulturelle Leben im Norden einen enormen Aufschwung. Einer der Flüchtlinge, Daniel Marot (1661–1752), wurde sogar als statthalterlicher Architekt und Gestalter angestellt. Ohne ihn hätte die niederländische Hofkultur nie solche bislang ungekannten, großartigen Formen annehmen können. Marot war derjenige, der den Louis-XIV.-Stil in den Niederlanden einführte. Diesen Stil kennzeichnet ein großer Reichtum an Ornamenten und die Verwendung kostbarer Materialien wie exotische Holzarten, Schildpatt, japanische Lackarbeiten, Gold und Silber. Ein strenger architektonischer und symmetrischer Aufbau bändigte den Überfluss. Typische Ornamente sind Blumenfestons, Arabesken, Akanthusblätter, Muschelmotive, Maskarons und Lambrequins (Draperien mit einem an der unteren Kante gezahnten Stoff).

Die französische Mode wurde – obwohl alles beherrschend bei den oberen Schichten – oft jedoch nicht wortwörtlich übernommen, sondern an den örtlichen Geschmack und die Tradition angepasst. In der Republik mochte man im Gegensatz zu Flandern keinen überladenen Barock. Der Baustil des französischen Königs, wie ausgewogen auch immer, wurde in den Niederlanden als zu üppig betrachtet. Ludwig XIV. wäre nicht

Entwurf der Fassade aus dem Jahr 1715 vor Baubeginn. In dieser Zeichnung sind noch die zwei Häuser von gleicher Breite zu sehen.

Eingang des Hauses Schuylenburch. Um der Mittelpartie mehr Raum zu geben und um sie hervorzuheben, sind die benachbarten Fenster um eine Sprosse schmaler als die übrigen.

architect en ontwerper. Zonder hem zou de Nederlandse hofcultuur nooit zulke ongekend grootse vormen hebben kunnen aannemen. Hij was degene die in de Lage Landen de Lodewijk XIV-stijl introduceerde. Deze werd gekenmerkt door een grote rijkdom aan ornament en het gebruik van kostbare materialen als exotische houtsoorten, schildpad, Japans lakwerk, goud en zilver. Een streng architectonische en symmetrische opbouw temperde deze overdaad. Typische ornamenten waren bloemfestoenen, arabesken, acanthusbladeren, schelpmotieven, mascarons en lambrequins (draperieën van een aan de onderzijde getande stof).

De Franse mode, hoewel allesoverheersend bij de elite, werd toch vaak niet letterlijk overgenomen, maar aangepast aan de plaatselijke smaak en tradities. In de Republiek hield men in tegenstelling tot Vlaanderen niet van barokke overdaad. De Franse koninklijke bouwstijl, hoe evenwichtig ook, werd hier te veel van het goede gevonden. Lodewijk XIV zou het niet in zijn hoofd gehaald hebben om een lustslot te bouwen dat aan de buitenkant zo eenvoudig was als Het Loo. Ook de Franse manier van inrichten werd kritisch bekeken en desnoods aangepast. Daniel Marots grote populariteit was vooral te danken aan het feit dat hij de Franse hofstijl flexibel en pragmatisch kon vertalen en aanpassen aan de noordelijke smaak.

Ontwerptekening voor het Huis Schuylenburch; voorafgaand aan de bouw. Bij dit ontwerp ging men nog uit van twee even brede huizen van vijf traveeën.

Ingang van het Huis Schuylenburch. Om de middenpartij meer ruimte te geven en extra te benadrukken werden de aangrenzende ramen een roede minder breed dan de overige.

auf den Gedanken gekommen, ein Lustschloss zu bauen, das im Äußeren die Schlichtheit des Palasts Het Loo besaß. Auch die französische Ausstattungsweise wurde kritisch betrachtet und wenn nötig verändert. Die Popularität Daniel Marots gründete sich vor allem darauf, dass er den französischen Hofstil flexibel und pragmatisch zu übersetzen wusste und ihn dem nördlichen Geschmack anglich.

Die wichtigste Veränderung bei der Gestaltung des Äußeren der Bauten betraf die Einführung der Gesimsfassade, gelegentlich mit einem Giebeldreieck und skulpturaler Giebelbekrönung versehen. Diese Fassaden passten besser zu den neuen hohen Schiebefenstern, die mehr und mehr die steinernen Kreuzfenster ersetzten. Die untere hölzerne Front des Hauses wurde durch eine steinerne ersetzt. Das Haus erhielt dadurch einen geschlosseneren Charakter, obwohl der Lichteinfall merklich größer war. Wegen des hohen Aufwands war es oft einfacher, die Fassade komplett zu ersetzen, wobei häufiger als früher Naturstein zum Einsatz kam. Die klassizistische Formensprache unter Verwendung von Frontons, Pilastern und Girlanden war Anfang des 18. Jahrhunderts passé. Die Fassaden blieben schlicht und flach, während breite Eingangstreppen, Balkons und kräftige Fensterumrahmungen zum monumentalen Eindruck beitrugen. Üppige Dekorationen blieben meistens auf das Mittelfeld der Fassade und das Gesims be-

Palast Het Loo in Apeldoorn. Der Bau dieses von Willem III. favorisierten Jagdschlosses begann 1686 und erfuhr schon 1688 eine erhebliche Erweiterung, um ihn dem neuen Status des Statthalters als König von England anzupassen. Die Galerien, mit denen das Corps de Logis mit den Seitenpavillions verbunden waren, mussten dem Neubau weichen und wurden als Abschluss des Gartens eingesetzt.

De belangrijkste uiterlijke verandering was de introductie van de kroonlijst, soms voorzien van een fronton en gebeeldhouwde gevelbekroning. Deze lijstgevels pasten beter bij de nieuwe hoge schuiframen, die meer en meer de stenen kruiskozijnen vervingen. De houten benedenpui werd vervangen door een stenen. Het huis kreeg daardoor een meer gesloten karakter, maar de lichtopbrengst binnen was wel aanzienlijk groter. Vanwege het vele hak- en breekwerk was het vaak eenvoudiger om de gevel geheel te vernieuwen, waarbij meer dan vroeger gebruik gemaakt werd van natuursteen. De classicistische vormentaal met het gebruik van frontons, pilasters en guirlandes was begin achttiende eeuw passé. De gevel bleef eenvoudig en vlak, terwijl brede stoepen, balkons en forse kozijnen bijdroegen aan de monumentaliteit. Weelderige decoraties bleven over het algemeen beperkt tot de middentravee en de kroonlijst. De schuifvensters met hun houten roeden bepaalden door hun regelmatige verdeling in hoge mate het ritme van de gevel.

Binnenshuis was de Franse invloed het best merkbaar. Over het algemeen waren de verschuivingen op zich niet zo groot, maar zij hadden in combinatie met de aankleding van de vertrekken verstrekkende gevolgen voor de algehele sfeer binnenshuis. De introductie van de Franse mode ging uit van de Oranjes. Willem III bracht in navolging van de Franse hofetiquette

Paleis Het Loo in Apeldoorn. De bouw van dit favoriete jachtslot van Willem III begon in 1686. Het paleis onderging in 1688 al een ingrijpende uitbreiding om het aan te passen aan de nieuwe status van de stadhouder als koning van Engeland. De galerijen waarmee het corps de logis met de zijpaviljoens verbonden was moesten wijken voor nieuwbouw en werden hergebruikt als afsluiting van de tuin.

schränkt. Die Schiebefenster mit ihren Holzsprossen bestimmten durch ihre regelmäßige Gliederung den Rhythmus der Fassade.

Im Inneren des Hauses war der französische Einfluss am deutlichsten zu spüren. Im Allgemeinen waren die Veränderungen nicht sehr groß, doch in Verbindung mit der Ausstattung der Räume hatten sie jedoch weitreichende Folgen für den Gesamteindruck. Die Einführung der französischen Mode wurde von den Oraniern angeregt. Willem III. ließ in seinen Räumlichkeiten gemäß der französischen Hofetikette eine Aufteilung in Appartements vornehmen, wodurch die Hierarchie betont werden sollte. Ein solches Appartement bestand aus einer Reihe von Empfangs- und Wohnräumen, die untereinander verbunden waren. Je vornehmer der Status des Besuchers war, desto weiter wurde er vorgelassen. In städtischen Wohnhäusern fehlte meistens der Platz für eine Aufteilung

Het Loo, Audienzsaal. Die architektonische, symmetrische Gliederung der Wände und die Voutendecke mit illusionistischer Bemalung sind typisch für Daniel Marot.

Het Loo, audiëntiezaal. De architectonische, symmetrische geleding van de wanden en het koofvormige plafond met illusionistische schildering zijn typisch voor Daniel Marot.

in zijn woonverblijven een indeling in appartementen aan, die de hiërarchie moest benadrukken. Zo'n appartement bestond uit een reeks ontvangst- en woonvertrekken, die met elkaar in verbinding stonden. Hoe verder men mocht doordringen, des te aanzienlijker men was. In stadshuizen was voor een indeling in appartementen zelden plaats. Wel begon langzamerhand de indeling van de ruimtes te veranderen. Het ontvangen werd steeds belangrijker en daarom moest de woning mogen worden gezien. Dat betekende ook dat er een toenemende scheiding kwam in woon-, slaap- en ontvangstvertrekken, zoals de zogenaamde "zaal", een grote ruimte aan de tuinzijde.

Bij alle verbouwingen die in de eerste helft van de achttiende eeuw plaatsvonden werd drastisch gemoderniseerd. Vroeger betrad men de woning via het voorhuis, dat een woonfuncin Appartements. Trotzdem begann sich auch hier die Einteilung der Räume langsam zu verändern. Da der Empfang von Besuchern immer wichtiger wurde, musste die Wohnung den Repräsentationszwecken angepasst werden. Das bedeutete auch eine zunehmende Trennung zwischen Wohn-, Schlaf- und Empfangsräumen, wie dem so genannten „Saal“, einem großen Raum an der Gartenseite.

Bei allen Umbauten, die in der ersten Hälfte des 18. Jahrhunderts stattfanden, kam es zu durchgreifenden Veränderungen. Während man das Haus bisher durch das Vorderhaus, das eine Wohnfunktion hatte, betrat, entstand nun ein separater Zugang mit großem Seitenraum daneben. Flure und Treppenhäuser eigneten sich hervorragend dazu, Besucher zu beeindrucken. Innerhalb eines architektonischen Rahmens von Pilastern, Säulen, Nischen und Gesimsen wurden sie oft reich stuckiert, außerdem boten sie einen schönen Durchblick nach hinten. Die Türen wurden vorzugsweise beidseitig symmetrisch angeordnet, wenn nötig, brachte man auch Scheintüren an. Dies war vor allem in schmaleren Häusern mit Flur an einer Außenseite der Fall, um trotzdem den Eindruck zu erwecken, man befände sich in einem Doppelhaus. Der Flur bildete die Verbindung zwischen dem vorderen und hinteren Teil des Hauses mit dem Saal, einem Raum, der vor allem beeindrucken sollte. Durch die Verbindung von Seitenraum und Hinterzimmer entstand das Zimmer-en-suite, das sich zu einem schließlich nicht mehr wegzudenkenden Element des Wohnhauses entwickelte. Das Treppenhaus wurde zu einem selbstständigen architektonischen Element, gelegentlich von einer Lichtkuppel bedeckt sowie mit Stuckwerk und üppig geschnittenen Balustraden verziert.

tie had. Nu kwam er een aparte ingang, met daarnaast een grote zijkamer. Gangen en trappenhuizen waren bij uitstek geschikt om indruk te maken. Zij werden vaak rijkelijk voorzien van stucwerk in een architectonisch kader van pilasters, zuilen, nissen en kroonlijsten en boden een prachtige doorkijk naar achteren. Men plaatste de deuren aan weerszijden bij voorkeur symmetrisch, waarbij men desnoods gebruik maakte van schijndeuren. Dit gebeurde vooral in smallere panden waar de gang aan één zijde van het huis lag om zo toch het idee te wekken dat men met een dubbel huis te maken had. De gang vormde de verbinding tussen het voor- en achtergedeelte van het huis waar, waar zich de zaal bevond, het vertrek dat vooral bestemd was om indruk te maken. Door het verbinden van de zijkamer met de achterkamer ontstond de kamer en suite, die zou uitgroeien tot een niet meer weg te denken onderdeel van het woonhuis. Het trappenhuis werd een op zichzelf staand architectonisch element, soms bekroond door een lichtkoepel en versierd met stucwerk en prachtig gesneden balustrades.

Terwijl in de Nederlanden veel geld uitgegeven werd aan de verfraaiing van de woonomgeving, lagen in het voorbeeldland Frankrijk door de geldverslindende oorlogen de bouwactiviteiten aan het paleis in Versailles, de grootste hobby van Lodewijk XIV, geheel plat. Onderwijl bouwde Willem III er lustig op los. De Zonnekoning moet met lede ogen hebben toegezien hoe de stadhouder-koning nota bene in oorlogstijd het ene paleis na het andere optrok of verfraaide en schitterende tuinen aanlegde met behulp van een uit Frankrijk gevluchte kunstenaar.

Während in den Niederlanden damals viel Geld für die Verschönerung der Wohnsitze ausgegeben wurde, mussten im wegweisenden Frankreich die Bauaktivitäten am Schloss in Versailles – der größten Liebhaberei Ludwigs XIV. – wegen der geldverschlingenden Kriege komplett eingestellt werden. Inzwischen baute Willem III. tüchtig weiter. Der Sonnenkönig dürfte neidisch zugesehen haben, wie der König-Statthalter, trotz Kriegszeiten, einen Palast nach dem anderen bauen oder verschönern und prächtige Gärten anlegen ließ – unter Mithilfe eines aus Frankreich ausgewanderten Künstlers.

Daniel Marot

Wer war dieser Mann, der den französischen Stil so erfolgreich dem niederländischen Geschmack anglich, dass er bis weit ins 18. Jahrhundert hinein allen dekorativen Künsten der Republik und deren Nachbarländern seinen Stempel aufdrückte? Daniel Marot, Sohn des bekannten Architekten und Stechers Jean Marot, entstammte einer Pariser Familie Pariser von Künstlern und „Ébenistes“ (Hersteller von Möbeln aus exotischen Holzarten), die in künstlerischer Hinsicht zur Spitze ihres Handwerks gehörten. Seine beiden Großväter arbeiteten als Möbelbauer, sein Onkel, der gebürtige Niederländer Pierre (oder Pieter) Gole, war der renommierte Kunsthandwerker von Ludwig XIV. Wie sein Vater wirkte auch Daniel als fähiger Graveur. Er übte diesen Beruf unter Jean Berain aus – mit Ausnahme von Charles Lebrun der wichtigste Gestalter Ludwigs XIV. Wahrscheinlich war er, wie sein Lehrmeister, Mitarbeiter der „Menus-Plaisirs“, einer für die

Daniel Marot

Wie was deze man, die zo succesvol bleek in het aanpassen van deze stijl aan de noordelijke smaak dat hij tot ver in de achttiende eeuw een stempel zou drukken op alle decoratieve kunsten in de Republiek en haar buurlanden? Daniel Marot, zoon van de bekende architect en graveur Jean Marot, kwam uit een familie van Parijse kunstenaars en ébénistes (vervaardigers van meubelen in exotische houtsoorten), die in artistiek opzicht tot de top van hun ambacht behoorden. Zijn beide grootvaders waren meubelmaker en zijn oom was de uit Nederland afkomstige Pierre (Pieter) Gole, vermaard kabinetwerker van Lodewijk XIV. Evenals zijn vader was Daniel een bekwaam graveur. Hij oefende dit vak uit onder Jean Berain, na Charles Lebrun de belangrijkste ontwerper van Lodewijk XIV. Waarschijnlijk was hij net als zijn leermeester medewerker van de “Menus-Plaisirs”, het team dat verantwoordelijk was voor de regie en de aankleding van evenementen aan het hof. Marot bevond zich zodoende middenin de kring van kunstenaars die het Franse koninklijke hof zijn vorstelijke uitstraling gaven. Hij was dan ook zeer goed op de hoogte van de nieuwste ontwikkelingen in Frankrijk.

Samen met zijn jongere broer kwam Daniel in 1686 naar Holland. Daar hoefde hij niet lang naar werk te zoeken. Willem Adriaan, graaf van Nassau-Odijk en een volle neef van Willem III gaf hem direct opdracht het trappenhuis in Slot Zeist met illusionistische beschilderingen te verfraaien. Bij deze werkzaamheden ontmoette Marot de architect Jacob Roman, met wie hij ook aan Het Loo zou samenwerken. De graaf had het grootste deel van zijn jeugd in Parijs doorge-

Regie und Dekoration höfischer Veranstaltungen verantwortlichen Arbeitsgemeinschaft. Marot befand sich also inmitten des Künstlerkreises, der dem französischen königlichen Hof seine fürstliche Ausstrahlung verlieh. Er war deshalb auch sehr gut mit den neusten Entwicklungen in Frankreich vertraut.

Zusammen mit seinem jüngeren Bruder kam Daniel 1686 nach Holland. Dort musste er nicht lange nach Arbeit suchen. Willem Adriaan, Graf von Nassau-Odijk und ein Neffe Willems III., beauftragte ihn sogleich damit, das Treppenhaus von Schloss Zeist mit illusionistischen Malereien zu schmücken. Bei diesen Arbeiten begegnete Marot dem Architekten Jacob Roman, mit dem er auch bei Het Loo zusammenarbeiten sollte. Der Graf hatte den größten Teil seiner Jugend in Paris verbracht und war dort 1678 als Botschafter tätig gewesen. Wahrscheinlich brachte er den jungen Marot mit Willem III. in Kontakt, der ihn unverzüglich persönlich anstellte. In den Niederlanden verfügte man zwar über gute Künstler, jedoch nicht über einen Koordinator, der imstande war, die Einheit des Gesamtentwurfs zu gewährleisten. In dieser Hinsicht war Marot von unschätzbarem Wert, als der Palast Het Loo schon kurz nach dem Bau in den 90er Jahren des 17. Jahrhunderts erweitert werden musste, um den neuen Status des Statthalters, der 1688 zugleich König

Fassadenentwurf für das Haus Schuylenburch, Daniel Marot zugeschrieben. Diese Zeichnung ähnelt dem ausgeführten Entwurf, hat jedoch ein französisches Mansarddach, 1715.

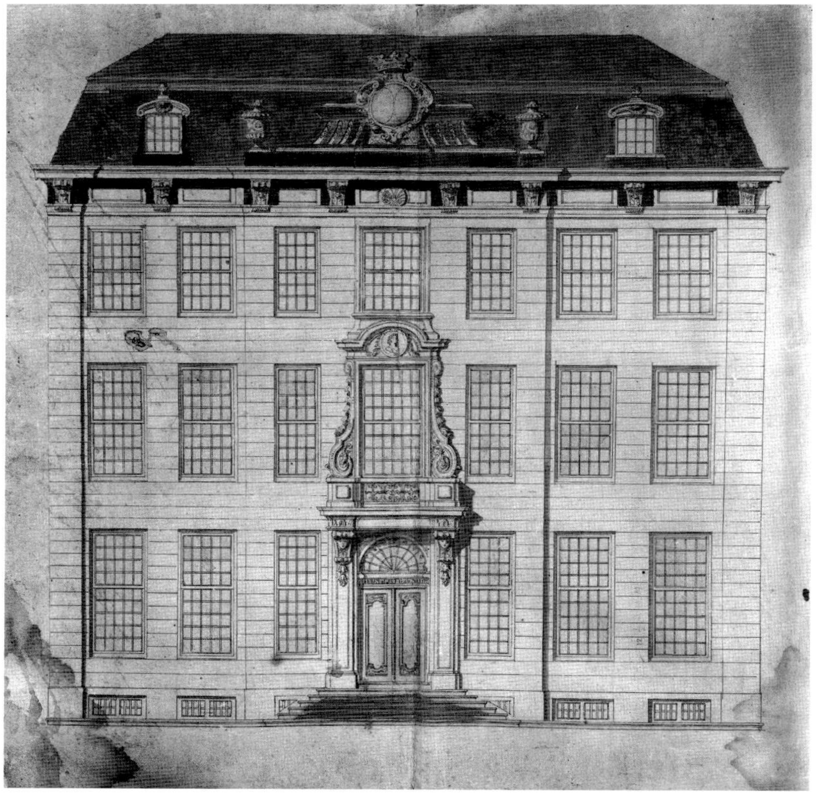

bracht en was er in 1678 ambassadeur geweest. Waarschijnlijk is hij het geweest die de jonge ontwerper in aanraking bracht met Willem III, die hem direct persoonlijk in dienst nam. In Nederland beschikte men wel over goede kunstenaars, maar nog niet over een coördinator die eenheid kon brengen in het geheel. In deze hoedanigheid was Marot van onschatbare waarde toen paleis Het Loo kort na de bouw in de jaren negentig uitgebreid moest worden om op passende wijze de nieuwe status van de stadhouder te weerspiegelen, die in 1688 tevens koning van Engeland was geworden. In samenspraak met de architect Roman rustte hij hier een aantal staatsievertrekken uit met betimmeringen en illusionistische plafonds en ontwierp net als in Zeist een monumentaal beschilderd trappenhuis. Marot betrok daarbij een aantal landgenoten, waaronder zijn broer Isaac, die meewerkte aan de beschildering van enkele vertrekken. Marot had eveneens de hand in de aanleg van de tuinen, die met hun Frans geïnspireerde gestileerde bloemperken, feestelijke fonteinen, fraai beeldhouwwerk en imposante tuinvazen aansloten op het paleis.

Gevelontwerp voor het Huis Schuylenburch, toegeschreven aan Daniel Marot. Deze tekening lijkt op het uitgevoerde ontwerp, maar heeft een Frans mansardedak, 1715.

Willem III moet zeer ingenomen zijn geweest met zijn hoofdontwerper, aan wie hij vanaf 1698 een aanzienlijke levenslange toelage toekende. Ook tijdens zijn verblijf in Engeland von England geworden war, angemessen widerzuspiegeln. In enger Zusammenarbeit mit dem Architekten Roman stattete er einige Prunkgemächer mit Vertäfelungen und illusionistisch bemalten Decken aus und entwarf, wie in Zeist, ein monumental ausgemaltes Treppenhaus. Marot wurde dabei von einigen Landsleuten unterstützt, darunter seinem Bruder Isaac, der an der Ausmalung einiger Räume beteiligt war. Marot hatte außerdem bei der Gartengestaltung seine Hände im Spiel, die mit ihren französisch inspirierten Blumenbeeten, feierlichen Brunnenanlagen, zierlichen Skulpturen und imposanten Gartenvasen auf den Palast ausgerichtet war.

Willem III. muss von seinem Mitarbeiter sehr angetan gewesen sein, denn ab 1698 ließ er ihm eine ansehnliche lebenslängliche Zulage zukommen. Auch während seines Englandaufenthalts machte er von Marots Diensten Gebrauch. Für die Paläste von Hampton Court und Kensington gestaltete er ebenfalls einen Teil der Innenausstattung und des Gartens.

Bei so viel Erfolg war es kein Wunder, dass Marot auch nach dem Tode seines königlichen Mäzens im Jahre 1702 ein gefragter Künstler blieb. Schon 1687, ein Jahr nachdem er in die Republik gegangen war, hatte er begonnen, seine Entwürfe in Kupferstichen herauszugeben. Diese betra-

Fassadenentwurf für das Haus Schuylenburch von Daniel Marot, 1715.

Gevelontwerp voor het Huis Schuylenburch van Daniel Marot, 1715.

maakte hij van Marots diensten gebruik. Voor de paleizen van Hampton Court en Kensington verzorgde deze eveneens een deel van het interieur en de tuinaanleg.

Met al deze successen op zak was het geen wonder dat Marot ook na het overlijden van zijn koninklijke mecenas in 1702 een veelgevraagd ontwerper bleef. In 1687, een jaar na zijn aankomst in de Republiek, was hij al begonnen zijn ontwerpen in prentseries uit te geven. Deze betroffen voornamelijk uitgevoerd werk. Uiteindelijk legde hij in meer dan driehonderd prenten de meest uiteenlopende ontwerpen vast, variërend van illusionistische plafonds en wandbeschilderingen, trappenhuizen, damasten wandbespanningen, statiebedden, deurknoppen, klokken, koetsen en smeedijzerwerk tot beeldhouwwerk en parterres voor de tuin. Een groot aantal hiervan bundelde hij kort na de dood van Willem III in een uitgave van 108 stuks en in 1712 publiceerde hij een nieuwe serie, die samen met een heruitgave van de al eerder verschenen prenten op de markt werd gebracht. Deze zijn voor menig opdrachtgever en ambachtsman een onuitputtelijke inspiratiebron geweest. Hoewel de ontwerpen van Marot bij hun publicatie al niet meer werkelijk modern waren hadden zij grote invloed en werden tot halverwege de achttiende eeuw algemeen gebruikt als voorbeelden.

fen vor allem realisierte Arbeiten. Letztendlich legte er in mehr als dreihundert Stichen die unterschiedlichsten Entwürfe vor, von illusionistischen Decken- und Wandmalereien, Treppenhäusern, Wandverkleidungen aus Damast, Prunkbetten, Türgriffen, Glocken, Kutschen und schmiedeeisernen Arbeiten bis hin zu Skulpturen und Gartenparterres. Eine große Anzahl hiervon stellte er kurz nach dem Tode Willems III. in einer Ausgabe von 108 Stichen zusammen. 1712 publizierte er eine neue Reihe, die zusammen mit der Neuauflage der schon früher erschienenen Stiche veröffentlicht wurde. Diese Stiche waren für manchen Auftraggeber und Handwerker eine unerschöpfliche Inspirationsquelle. Obwohl die Entwürfe Marots zur Zeit ihrer Publikation schon nicht mehr wirklich modern waren, übten sie einen großen Einfluss aus und wurden bis zur Mitte des 18. Jahrhunderts als Leitbilder benutzt. Marots Stil, der sich anfangs auf höfische Kreise beschränkt hatte, verbreitete sich dank dieser Publikationen langsam von den Regenten bis in die Kreise der wohlhabenden konservativen Kaufleute.

Jetzt, wo es keinen allgemeinen Statthalter mehr gab, entwickelten sich die Regierungsbeamten aus Den Haag allmählich zu Marots bedeutendsten Kunden, obwohl sich auch Kaufleute aus Amsterdam für seine Arbeiten interessierten. Auch die Oranier, jetzt nur noch Statthalter in Friesland, beauftragten ihn weiterhin. Marot hatte dank des statthalterlichen Schutzes einen anerkannten Ruf und entwickelte sich zu einem der wichtigsten Vertreter des Louis-XIV.-Stils in Nordeuropa. Er war ein Meister darin, seiner Kundschaft einen angemessenen königlichen oder aristokratischen Hintergrund zu schaffen.

Marots stijl, die eerst beperkt was tot de hofkringen, breidde zich dankzij deze publicaties langzamerhand uit via de regenten tot de kringen van de gegoede en conservatieve kooplieden. Nu er geen algemeen stadhouder meer was werden de Haagse regeringsfunctionarissen Marots voornaamste klanten, maar ook de Amsterdamse kooplieden bleken in hem geïnteresseerd. Daarnaast bleef hij opdrachten uitvoeren voor de Oranjes, die nu alleen in Friesland stadhouder waren. Zijn naam was dankzij de stadhouderlijke patronage stevig gevestigd en hij groeide uit tot één van de belangrijkste verbreiders van de Lodewijk XIV-stijl in Noord-Europa, een meester in het scheppen van een passende koninklijke of aristocratische achtergrond voor zijn clientèle.

Marot was in de eerste plaats een ontwerper van een huisstijl, iemand die men in kon schakelen voor alle aspecten van het wonen en decoreren. Hoewel hij geen architect was in de huidige zin van het woord wist hij genoeg van architectuur om een gevel te kunnen tekenen en een plattegrond in te delen. Hij moest daar ook wel in onderlegd zijn, want voor binnenruimtes en zeker de vertrekken die voor formele ontvangsten werden gebruikt was een architectonische geleding met klassieke opbouw gebruikelijk. Dat betekende dat hij op de hoogte moest zijn van de proportieleer en van de zuilenordes. Als zoon van een architect zal hij dat bijna spelenderwijs hebben meegekregen. Het was deze fascinerende en invloedrijke kunstenaar die zijn stempel zou drukken op het huis Schuylenburch.

Marot hatte sich vor allem durch seine Entwürfe für alle Bereiche des Wohnens und Dekorierens einen Namen gemacht. Obwohl er kein Architekt im heutigen Sinne des Wortes war, befähigten ihn seine Kenntnisse zum Entwerfen von Fassaden und zur Gestaltung von Grundrissen. Da bei Innenräumen, vor allem solchen, die für offizielle Empfänge benutzt wurden, eine architektonische Gliederung mit klassischer Gestaltung üblich war, musste er sich mit Proportionslehre und Säulenordnungen auskennen, aber als Sohn eines Architekten dürfte er dies fast spielend gelernt haben. Es war dieser faszinierende und einflussreiche Künstler, der der Neugestaltung des Hauses Schuylenburch seinen Stempel aufdrückte.

Die Umbauten am Haus Schuylenburch

In vielerlei Hinsicht spiegeln die Veränderungen, die im Haus Schuylenburch vorgenommen wurden, den Zeitgeist wider. Nachdem Cornelis van Schuylenburch im Februar 1715 das Nachbarhaus „Groot Gorcum“ gekauft hatte, verfügte er über zwei große Häuser mit einer Breite von je fünf Fensterachsen. Er begann sofort mit dem Umbau, und einen Monat später unterzeichnete er bereits den Vertrag für die Zimmererarbeiten. Dies deutet darauf hin, dass Cornelis schon länger die Absicht hatte, das Haus durchgreifend umzubauen, und sich möglicherweise auch schon entschieden hatte, welchen Künstler er damit beauftragen würde. Als künstlerisch interessierter Bauherr nahm er großen Einfluss auf die Gestaltung des neuen Hauses. Er schrieb selbst Bemerkungen in die Leistungsverzeichnisse und ließ sie ständig ändern. Aus den Entwurfszeichnungen geht

De verbouwingen aan huis Schuylenburch

In veel opzichten weerspiegelen de veranderingen die in het huis Schuylenburch werden aangebracht de geest van de tijd. Toen Cornelis van Schuylenburch in februari 1715 het aan zijn vaders woning grenzende huis "Groot Gorcum" kocht, beschikte hij over twee grote panden van elk vijf traveeën breed. Hij maakte direct een begin met de verbouwingen en na een maand werd het timmerbestek al ondertekend. Dit lijkt erop te wijzen dat Cornelis al langer plannen koesterde voor een ingrijpende verbouwing en mogelijk al in een eerder stadium besloten had welke kunstenaars hij hiervoor zou inschakelen. Als kunstzinnig geïnteresseerde opdrachtgever zal hij zelf een grote hand gehad hebben in de totstandkoming van het nieuwe gebouw. Hij maakte eigenhandig aantekeningen op de bestekken en liet er voortdurend veranderingen in aanbrengen. Uit de tekeningen blijkt dat hij nog heeft gespeeld met het idee om de twee huizen te handhaven en enkel de gevels aan te passen aan de laatste mode door toevoeging van een kroonlijst met balustrade en schuiframen. Uiteindelijk besloot hij tot de aanleg van een riant stadspaleis van zeven traveeën breed, waarin de achterhuizen en een deel van het buurhuis opgenomen werden. Op de plek die overbleef bouwde hij een kleiner huis, dat bestemd was voor de verhuur. Uit de verschillende voorstellen voor het hoofdpand viel zijn keus op een sober en deftig bouwwerk met een souterrain en drie verdiepingen naar ontwerp van Daniel Marot. Hij verkoos dit plan boven een Italiaans aandoend ontwerp, dat mogelijk geleverd werd door de stucwerkkunstenaar en architect Giovanni Battista Luraghi (1675–1736). Waarschijnlijk hervor, dass er zunächst plante, beide Häuser stehen zu lassen und die Fassaden durch die Hinzufügung eines Gesimses mit Balustrade und Schiebefenstern der neusten Mode anzupassen. Schließlich entschied er sich aber für den durchgreifenden Umbau zu einem großzügigen, siebenachsigen Stadtpalais, in den die Seitenflügel und ein Teil des Nachbarhauses einbezogen wurden. Auf dem frei bleibenden Teil des Grundstücks ließ er ein kleineres Haus errichten, das er vermieten wollte. Für das Haupthaus wurden unterschiedliche Entwürfe vorgelegt, aus denen er einen schlichten, vornehmen Bau mit Souterrain und drei Geschossen von Daniel Marot wählte. Er bevorzugte diesen gegenüber einem italienisch anmutenden Entwurf, den möglicherweise der Stuckateur und Architekt Giovanni Battista Luraghi (1675–1736) lieferte. Wahrscheinlich wurde Cornelis aber bewusst, dass dieser Plan zu stark in das Haager Straßenbild eingreifen würde. Der schwungvolle Stil des Künstlers aus Como muss ihm dennoch sehr gefallen haben, denn Luraghi spielte eine wichtige Rolle bei der Innenausstattung.

Es existieren drei von Daniel Marot gezeichnete Entwurfsvarianten. Darunter befindet sich ein Entwurf mit einem sehr französisch anmutenden Mansarddach mit charakteristischem Knick. Der letztendlich ausgeführte Entwurf entsprach dem holländischen Geschmack für

Giebelbekrönung mit dem Wappen von Cornelis van Schuylenburch und Martha Kemp.

vond Cornelis dit plan toch te veel uit de toon vallen in het Haagse straatbeeld. Toch moet de zwierige stijl van de uit Como afkomstige kunstenaar hem aangesproken hebben, want Luraghi zou een grote hand in het interieur krijgen.

Er zijn drie varianten bekend van de hand van Daniel Marot, waaronder een met een zeer Frans mansardedak met karakteristieke knik. Het ontwerp dat uiteindelijk werd uitgevoerd voldeed aan de Hollandse smaak voor een sober, maar toch rijk uiterlijk. De rijkdom werd behalve door het gebruik van natuursteen voor de bekleding uitgedrukt door het beeldhouwwerk aan het vooruitspringende middenstuk en de attiek. Het ontwerp werd vrijwel geheel conform de gesigneerde ontwerptekening uitgevoerd. De enige wijzigingen waren de vergroting van de omlijsting van het raam op de bovenverdieping en de vorm van het wapen van Cornelis van Schuylenburch en zijn echtgenote Martha Kemp in de balustrade, zodat beide elementen beter op elkaar aansloten.

Gevelbekroning met het wapen van Cornelis van Schuylenburch en Martha Kemp.

Vanwege de te handhaven binnenmuren plaatste Marot de middenpartij iets links van de binnenas. Dit middenstuk benadrukte hij nog eens extra door brede sieromlijstingen. Ten behoeve hiervan en om beter uit te komen met de bestaande muren maakte hij de vensters aan weerszijden een roede smaller. Een tweede kunstgreep bestond uit het plaatsen van de zijmuur ein schlichtes, aber vornehmes Aussehen. Den Reichtum brachten neben dem Naturstein der Fassadenverkleidung die Bildhauerarbeiten am Mittelrisalit und an der Attika zum Ausdruck. Der Entwurf wurde fast unverändert gemäß der signierten Entwurfszeichnung ausgeführt. Die einzigen Abweichungen betrafen die Vergrößerung des Fensterrahmens im zweiten Geschoss und die Wappenform des Bauherrn Cornelis van Schuylenburch und seiner Frau Martha Kemp in der Balustrade, wodurch die beiden Elemente besser aufeinander abgestimmt wurden.

Wegen der zu erhaltenden Innenmauern verschob Marot die Mittelpartie der Fassade gegenüber der Innenstruktur etwas nach links. Diese Mittelachse betonte er nachdrücklich durch breite Schmuckrahmen. Nicht nur hierfür, auch um die bestehenden Innenmauern besser hinter der Fassade verdecken zu können, gestaltete er die Fenster an beiden Seiten um eine Sprosse schmaler. Ein zweiter Kunstgriff war die Anordnung der Trennmauer zwischen den beiden Gebäuden, die hinter die Fassade des Mietwohnhauses gesetzt wurde, wodurch die zwei schräg zulaufenden Empfangszimmer im Haupthaus die maximale Breite erhielten. Weil das große Haus ein Geschoss höher war, musste das Dach des benachbarten Hauses gezwungenermaßen zurückweichen.

Mit Ausnahme der signierten Zeichnung der Fassade gibt es keine weiteren schriftlichen Belege für die Beschäftigung Marots am Haus Schuylenburch. Es ist jedoch anzunehmen, dass sich seine Tätigkeit nicht nur auf die Fassade beschränkte. Kein anspruchsvoller Bauherr mit Gefühl für Qualität konnte damals diesen *arbiter elegantiae* schlechthin umgehen. Es ist sogar denkbar, dass Willem van Schuylenburch den

achter de voorgevel van het huurhuis, zodat de twee ineenlopende ontvangkamers de maximale breedte konden krijgen. Omdat het grote huis een verdieping hoger was moest het dak van het naastgelegen huis noodgedwongen inspringen.

Behalve de gesigneerde tekening voor de gevel zijn er verder geen papieren bewijzen voor de bemoeienis van Marot met het huis Schuylenburch. Toch is het aannemelijk dat zijn werkzaamheden zich niet beperkten tot alleen de voorkant. Geen veeleisende opdrachtgever met oog voor kwaliteit kon toen om deze arbiter elegentiae bij uitstek heen. Het is zelfs denkbaar dat Willem van Schuylenburch de Franse vluchteling al had ingeschakeld bij eerdere verbouwingen aan het huis aan de Lange Vijverberg. Hierbij waren naar de laatste Franse mode in de slaapkamers alkoven aangebracht, met houtsnijwerk versierde nissen voor de bedden. Deze werden weer hergebruikt in het nieuwe huis.

Marot was vooral een coördinator en had veel contacten in de kunstenaarswereld. Hij bemoeide zich niet met de technische kant en werkte voor de uitvoering van zijn ontwerpen in Den Haag samen met landgenoot Felix Dusart (? – 1735). Deze laatste trad ook op als opzichter bij de bouw van het huis Schuylenburch. Het is heel goed mogelijk dat Marot een adviserende functie had bij de keuze van de overige medewerkers. De stucwerkkunstenaar Luraghi had hij ontmoet toen zij beiden werkzaam waren bij paleis Het Loo eind zeventiende eeuw. Ook met schilders die aan het interieur meewerkten als Terwesten en Verbrugghen had Marot al in 1707 samengewerkt aan de tuinkamer voor François Fagel in diens huis aan het Noordeinde.

französischen Flüchtling schon bei früheren Umbauten des Hauses am Lange Vijverberg eingesetzt hatte. Hierbei waren nach der letzten französischen Mode Alkoven in die Schlafzimmer eingebaut worden – mit Holzschnitzereien dekorierte Bettnischen. Die Alkoven wurden im renovierten Haus wieder verwendet.

Marot war vor allem ein Koordinator mit vielen Kontakten in Künstlerkreisen, den die technischen Aspekte des Baus nicht beschäftigten. Für die Ausführung seiner Entwürfe arbeitete er in Den Haag mit seinem Landsmann Felix Dusart (?–1735) zusammen. Dieser trat auch als Bauleiter bei der Ausführung des Hauses Schuylenburch auf. Es ist sehr wohl möglich, dass Marot den Bauherrn bei der Auswahl der übrigen Mitarbeiter beriet. Dem Stuckateur Luraghi war er Ende des 17. Jahrhunderts, als beide am Palast Het Loo arbeiteten, begegnet. Auch mit den für die Innenausstattung verantwortlichen Malern wie Terwesten und Verbrugghen hatte Marot schon beim Gartensaal des Hauses von François Fagel am Haager Noordeinde 1707 zusammengearbeitet. Es wurde alles darangesetzt, den neuen Bau so schnell wie möglich fertig zu stellen. Im Oktober 1715 war das Dachwerk fertig. Im Mai 1716 konnten Decken, Schiebefenster, Türen und Treppen übergeben und im Februar 1717 die Zimmererarbeiten abgeschlossen werden. Danach begann man mit der Fertigstellung der Ausstattung. Obwohl Geld keine Rolle spielte, war der Auftraggeber offenbar kein Freund von Verschwendung. So ließ er zwar das östliche Haus bis auf die Seitenmauern vollständig abreißen, integrierte aber das alte Haus des Willem van Schuylenburch zum größten Teil in das neue Gebäude. Wo nötig, kam es zur Erhöhung von Räumen, damit sie an die Deckenhöhe im neuen Teil

Alles werd in het werk gesteld om het nieuwe bouwwerk zo snel mogelijk te voltooien. In oktober 1715 was het huis onder de kap. In mei 1716 werden plafonds, schuiframen, deuren en trappen opgeleverd en in februari 1717 was al het timmer- en schrijnwerk af. Daarna kon begonnen worden aan de afwerking van het interieur. Hoewel geld geen probleem was hield de opdrachtgever blijkbaar niet van verspilling. Weliswaar liet hij het oostelijke huis op de zijmuren na geheel afbreken, maar nam de oorspronkelijke woning van Willem van Schuylenburch grotendeels in het nieuwe huis op. Waar nodig werden de plafonds opgehoogd om ze te laten aansluiten bij die in het nieuwe gedeelte. Het inmiddels ouderwetse fronton van het oude woonhuis werd nog goed genoeg bevonden voor de nieuwe huurwoning. Ook bouwmaterialen als balklagen werden hergebruikt en hele betimmeringen uit het oude huis aan de nieuwe ruimtes aangepast, waaronder een aantal bed-alkoven.

Het grotendeels handhaven van de plattegrond van het oude woonhuis bracht wel enige problemen mee voor de indeling van de nieuwe woning. Het oude voorhuis werd veranderd in een ruime vestibule. In het ideale geval zou deze uitkomen op een lange gang die als middenas fungeerde, maar omdat de oude antichambre moest blijven was dit niet mogelijk. Er werd nu met kunstgrepen een middenas gesuggereerd door vanuit het voorhuis via openingen een doorzicht op de binnenplaats te creëren. Deze was in feite alleen bereikbaar via een smalle gang ter linkerzijde van de antichambre. De overgang naar het door een grote lichtkoepel aangelichte monumentale trappenhuis met zijn rijke stucwerk moet daardoor bijzonder verrassend zijn anschlossen. Das inzwischen altmodisch gewordene Giebeldreieck des alten Wohnhauses wurde für das neue Mietwohnhaus noch als ausreichend betrachtet. Auch Baumaterialien wie Balkendecken und ganze Vertäfelungen aus dem alten Haus fanden Wiederverwendung, ebenso einige Alkoven, die an die neuen Räume angepasst wurden.

Da der Grundriss des alten Hauses zum größten Teil unverändert blieb, ergaben sich Probleme bei der Inneneinteilung des neuen Gebäudes. Das alte Vorderhaus wurde in ein geräumiges Vestibül umgewandelt. Im Idealfall mündete dieses in einen langen Flur, der als Mittelachse des Hauses diente. Da aber das alte Vorzimmer bestehen bleiben musste, war dies hier nicht möglich. Daher wurde mit einigen Kunstgriffen eine Mittelachse suggeriert, wobei vom Vestibül aus ein Durchblick zum Innenhof geschaffen wurde. Dieser Hof war im Grunde genommen nur über einen schmalen Flur links des Vorderzimmers erreichbar. Der Übergang zum monumentalen und reich stuckierten Treppenhaus – erhellt von einer großen Lichtkuppel – muss dadurch besonders überraschend gewirkt haben. Die Treppe reichte nicht weiter als bis ins erste Obergeschoss. Ins zweite Obergeschoss gelangte man nur über eine kleine Treppe zwischen dem Balkonzimmer und dem westlich gelegenen Schlafzimmer. Um das Souterrain zu erreichen, konnte man auch eine Dienstbotentreppe an der

Volute der Umrahmung des mittleren Fensters im ersten Obergeschoss.

Voluut van de omlijsting van het middelste raam op de eerste verdieping.

geweest. Deze trap ging niet verder dan de eerste verdieping. De bovenverdieping kon alleen bereikt worden via een kleine trap tussen de balkonkamer en meest westelijke slaapkamer in. Om in het souterrain te komen moest men gebruik maken van een tegen de achtergevel gelegen diensttrap. Dit was gebruikelijk in dergelijke grote huizen, die over het algemeen meer dienstvertrekken bevatten dan in de periode daarvoor. De hang naar comfort bracht een toename van personeel met zich mee, maar daar moest men zo min mogelijk last van hebben. De keuken werd liefst zo ver mogelijk van de woonvertrekken geplaatst, in het achterhuis of, zoals bij het huis Schuylenburch, in het onderhuis. Op zolder bevonden zich de dienstbodenkamers en ruimtes om de was te verwerken. In grote huizen werden aparte doorgangen aangelegd, zodat het personeel zoveel mogelijk ongezien zijn taken kon verrichten.

De plattegrond van de begane grond lijkt een midden te zoeken tussen wat er in Holland gebruikelijk was en het Franse ideaal van een indeling in appartementen. De antichambre geeft toegang tot twee grote ontvangstruimten, waarbij de achterste het meest lijkt op de in rijke woningen gebruikelijke "zaal", die gewoonlijk uitzicht had op de tuin. Blijkens de aanwezigheid van een garderobe moest deze ook als slaapkamer kunnen dienen.

Rückseite benutzen. Eine solche war in großen Häusern üblich, die jetzt im Allgemeinen über mehr Diensträume als in der vorangegangenen Epoche verfügten. Das steigende Komfortbedürfnis brachte eine Zunahme des Personals mit sich, wovon man aber so wenig wie möglich spüren sollte. Die Küche wurde gerne weit ab von den Wohnräumen, im Hinterhaus oder, wie im Haus Schuylenburch, im Souterrain, untergebracht. Auf dem Dachboden befanden sich die Zimmer der Dienstmädchen und Räumlichkeiten für die Wäsche. In großen Häusern wurden gesonderte Durchgänge geschaffen, damit das Personal möglichst ungesehen seine Aufgaben erledigen konnte.

Mit dem Grundriss des Erdgeschosses sollte wohl zwischen holländischer Tradition und dem französischen Ideal des Appartementprinzips vermittelt werden. Das Vorzimmer erschließt zwei große Empfangsräume, wobei der hintere die meisten Ähnlichkeiten mit dem in reichen Häusern üblichen „Saal" aufweist, der normalerweise auf den Garten ausgerichtet war. Da sich in diesem Raum ebenfalls eine Garderobe befand, könnte er auch als Schlafzimmer gedient haben.

Der Grundriss spiegelt den französischen Einfluss mit einer großen Raumdifferenzierung für spezifische Zwecke wider. So ergab die neue Grundrissgestalt ein gesondertes Esszimmer, ein Raum, der sogar bei den reichen Bürgern nicht geläufig war. Oft wurde ein Esstisch

Grundriss der Beletage (*1. Obergeschoss*) des Hauses Schuylenburch, 1715.

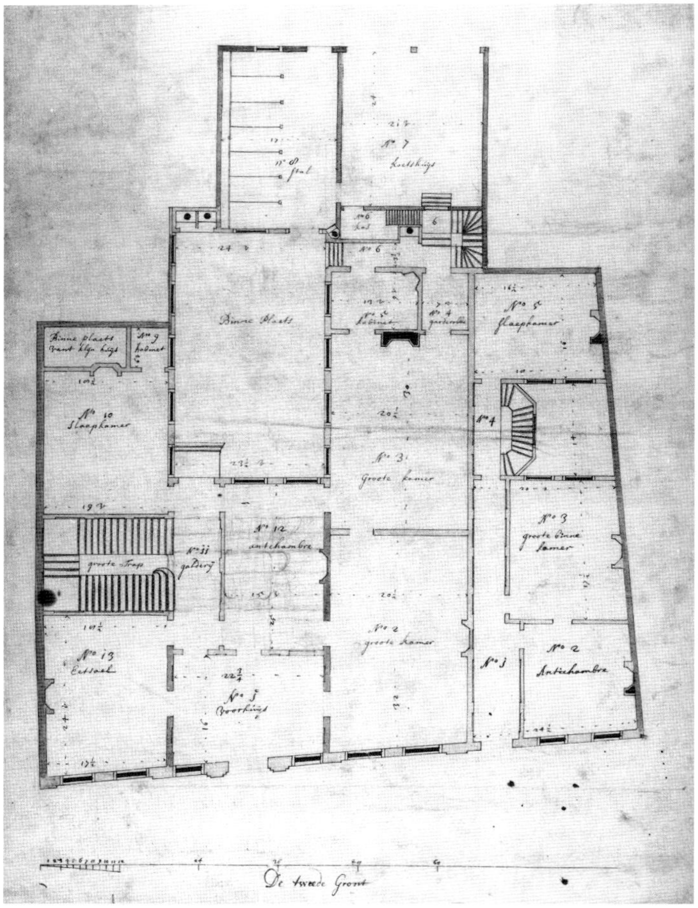

In de plattegrond blijkt de Franse invloed uit de grote variëteit aan ruimten voor specifieke doeleinden. Zo voorzag de nieuwe indeling in een aparte eetkamer, een ruimte die zelfs bij de rijkere burgers nog niet veel voorkwam. Vaak werd een eettafel alleen neergezet als deze nodig was en kon de ruimte verder ook voor andere dingen worden gebruikt. Dat gebeurde zelfs ook aan het hof, waar vaak in de antichambre, de ontvangst- en wachtruimte van het appartement, werd gegeten. In de voorafgaande eeuw werd nog veel gebruik gemaakt van bedsteden in de woonkamer. Gaandeweg werd het bij de hogere standen usance om aparte slaapvertrekken in te richten. Met ieder zijn eigen privé-appartement, bestaande uit bedkamer, kabinetje en garderobe was het echtpaar Schuylenburch zodoende geheel bij de tijd. Ook bevatte de nieuwe woning een aparte bibliotheek en boven het koetshuis dat aan de Hoge Nieuwstraat uitkwam een zogenaamd poederkamertje, waar de pruiken van de heer des huizes op standaards werden bewaard en gepoederd. In de meeste aanzienlijke huizen was een aparte ruimte ingericht waar thee gedronken kon worden, een drank die door zijn kostbaarheid en exclusiviteit in deze tijd nog voorbehouden was aan de rijken. Het is mogelijk dat het kabinet achter de grote kamer op de begane grond als zodanig gebruikt werd.

Plattegrond van de bel-etage (tweede gront) van het Huis Schuylenburch, 1715.

nur aufgestellt, wenn er benötigt wurde, sodass der Raum auch für andere Zwecke verwendet werden konnte. Dies geschah sogar am Hof, wo oft im Vorzimmer, dem Empfangs- und Warteraum des Appartements, gegessen wurde. Im 17. Jahrhundert waren auch Alkoven im Wohnzimmer noch gebräuchlich. Allmählich wurde es bei den oberen Schichten aber üblich, separate Schlafzimmer einzurichten. Mit eigenem, aus Bettkammer, Kabinett und Garderobe bestehendem Privat-Appartement für Herrn und Frau van Schuylenburch, befand sich deren Wohnung ganz auf der Höhe der Zeit. Das neue Haus erhielt auch eine eigene Bibliothek, und oberhalb des Kutschenhauses, das zur Hoge Nieuwstraat orientiert war, gab es ein so genanntes Puderzimmerchen, wo die Perücken des Hausherrn auf Ständern gepudert und aufbewahrt wurden. In den meisten vornehmen Häusern war ein gesonderter Raum zum Teetrinken vorhanden, ein Getränk, das durch seine Kostspieligkeit und Exklusivität damals noch den Wohlhabenden vorbehalten war. Es ist möglich, dass das Kabinett hinter dem Großen Zimmer im Erdgeschoss dafür benutzt wurde.

Cornelis van Schuylenburch hatte sich gemäß der herrschenden Mode ein Haus bauen lassen, das sich sehen lassen konnte. Damit inspirierte er ohne Zweifel weitere Auftraggeber. Während die Arbeiten an der Ausstattung des Hauses noch in vollem Gange waren, widmete sich Marot schon seinem nächsten Stadtpalais in Den Haag im Auftrag des Grafen van Wassenaer van Obdam am Kneuterdijk. Auch Cornelis' Bruder Johan ließ sein Haus am Korte Vijverberg – wo er seit 1711 wohnte – 1724 zu einem vergleichbaren Gesamtkunstwerk im Stil Daniel Marots umbauen.

Cornelis van Schuylenburch had voor zichzelf volgens de heersende mode een huis laten bouwen dat gezien mocht worden. Daarmee inspireerde hij ongetwijfeld weer nieuwe opdrachtgevers. Terwijl de werkzaamheden voor het interieur van huis Schuylenbuch nog in volle gang waren wijdde Marot zich alweer aan zijn volgende Haagse stadspaleis in opdracht van de graven van Wassenaer van Obdam aan de Kneuterdijk. Ook Cornelis' broer Johan liet in 1724 zijn huis aan de Korte Vijverberg, dat hij sinds 1711 bewoonde, verbouwen tot een vergelijkbaar totaalkunstwerk in de stijl van Daniel Marot.

De indeling van het huis bleef grotendeels intact tot het moment van ingebruikneming als Duitse ambassadeursresidentie, toen uit praktische overwegingen enkele veranderingen werden aangebracht.

Literatur / Literatuur

Fock, C. W., Eliëns, T. M., Koldeweij, E. F., Pijzel-Dommisse, J., *Het Nederlandse interieur in beeld 1600–1900*, Zwolle 2002.

Knoke, K. H., Canneman, H. E., Lehmann, *Het Huis Schuylenburch te 's-Gravenhage. Ein kunsthistorisches Juwel und seine Geschichte als deutsche diplomatische Vertretung in den Niederlanden. Festschrift zur Einweihung am 6. Juni 1968*, 's-Gravenhage 1968.

Meischke, R., Zantkuijl, H. J., Rosenberg, P. T. E., *Huizen in Nederland. Zeeland en Zuid-Holland. Architectuurhistorische verkenningen aan de hand van het bezit van de Vereniging Hendrick de Keyser*, Zwolle etc. 1997.

Ottenheym, K., Terlouw, Zoest, R. van (Red.), *Daniel Marot. Vormgever van een deftig bestaan. Architectuur en interieurs van Haagse stadspaleizen*, Zutphen 1988.

Ozinga, M. D., „Het huis van Schuylenburch te Den Haag", in: *Elsevier's* LXXXIII (1934), nr 5.

Ozinga, M., *Daniel Marot, de schepper van den Hollandschen Lodewijk XIV-stijl*, Amsterdam 1938.

Zoest, R. van, Eck, X. van, *Huis Schuylenburch*, Den Haag 1988.

DIE AUSSTATTUNG DES HAUSES SCHUYLENBURCH (1715–1968)

GABRI VAN TUSSENBROEK

HET INTERIEUR VAN HET HUIS SCHUYLENBURCH (1715–1968)

Die Anstrengungen des Cornelis van Schuylenburch blieben nicht unbemerkt. Seine Bauaktivitäten trugen dazu bei, dass der Lange Vijverberg in Den Haag als das Vollkommenste gilt, was die Niederlande sowohl vom geschichtlichen als auch vom ästhetischen Blickpunkt aus an Schönheit zu bieten haben.[1] Daher überrascht es nicht, dass der deutsche Staat 1888 seinen Blick auf das Haus von Van Schuylenburch richtete. Es war für Repräsentationszwecke perfekt geeignet und durch seine zentrale Lage sowie die Aussicht auf den „Binnenhof" für eine diplomatische Nutzung geradezu ideal.

Nicht erst mit dem Ankauf des Hauses Schuylenburch setzten die diplomatischen Beziehungen zwischen den beiden Ländern ein. Deutsche Gesandte waren schon jahrhundertelang in den Niederlanden tätig, und auch umgekehrt gab es niederländische Vertreter in Deutschland. Durch Handel und Diplomatie, aber auch durch Emigration und die Beziehungen zwischen niederländischen und deutschen Fürstenhäusern gab es vieles, das Deutschland und die Niederlande miteinander verband. Sehr ausgeprägt waren diese Beziehungen im 17. Jahrhundert.

Es scheint, als ob der erste Gesandte, der 1888 in das Haus am Lange Vijverberg einzog – Anton Freiherr von Saurma-Jeltsch –, an diese gemeinsame Geschichte anzuknüpfen versuchte. So kam aus Berlin die Gipskopie einer Marmorbüste des Großen Kurfürsten nach Den Haag, die im großen Salon des Hauses aufgestellt wurde und dort noch heute zu finden ist. Auch vier Oranierporträts gelangten aus Brandenburg nach Holland zurück, was die Beziehungen zwischen den beiden Nationen in der Ausstattung des Hauses Schuylenburch nachdrücklich betonte.

[1] Tillema, J. A. C., *Schetsen uit de geschiedenis van de Monumentenzorg in Nederland. Ter herdenking van een eeuw regeringsbeleid 1875–1975*, 's-Gravenhage 1975, S. 572, Anm. 5.

De inspanningen van Cornelis van Schuylenburch bleven niet onopgemerkt. Mede door zijn bouwactiviteiten is de Lange Vijverberg in Den Haag wel het meest volmaakte genoemd, wat Nederland zowel uit oogpunt van geschiedenis als van schoonheid kan bieden.[1] Daarom is het ook niet verrassend dat de Duitse staat in 1888 haar oog liet vallen op het huis van Van Schuylenburch. Het was bij uitstek geschikt voor representatiedoeleinden. De centrale ligging en het zicht op het Binnenhof was ideaal voor diplomatiek gebruik.

De koop van Huis Schuylenburch in 1888 was niet het begin van de diplomatieke betrekkingen tussen beide landen. Duitse gezanten waren al honderden jaren vertegenwoordigd in de Nederlanden en ook omgekeerd waren Nederlandse afgezanten in Duitsland aanwezig. Door handel en diplomatie, maar ook door emigratie en de betrekkingen tussen Nederlandse en Duitse vorstenhuizen was er veel dat Duitsland en Nederland met elkaar verbond. Heel sterk kwam dit naar voren in de zeventiende eeuw.

Het lijkt alsof de eerste gezant die het huis aan de Lange Vijverberg in 1888 betrok, Anton Freiherr von Saurma-Jeltsch, bij deze gemeenschappelijke geschiedenis heeft willen aansluiten. Uit Berlijn werd een kopie van een marmeren buste van de Grote Keurvorst naar Den Haag gebracht, die in de grote salon van het huis een plaats kreeg en daar nog steeds te vinden is. Ook vier Oranjeportretten kwamen uit Brandenburgs bezit naar Holland terug, zodat de banden tussen de beide naties in het interieur van het Huis Schuylenburch nog eens extra werden benadrukt.

[1] Tillema, J. A. C., *Schetsen uit de geschiedenis van de Monumentenzorg in Nederland. Ter herdenking van een eeuw regeringsbeleid 1875–1975*, 's-Gravenhage 1975, p. 572, n. 5.

„Ein vornehmes Dasein"

Nachdem Cornelis van Schuylenburch das rechte Nachbarhaus gekauft hatte, erteilte er 1715 den Auftrag, die beiden Häuser zu einem großen, stattlichen Stadtpalast zusammenzufügen. Zu diesem Zeitpunkt spielten die Beziehungen zwischen den Niederlanden und Preußen keine große Rolle in seinem Leben. Im Gegenteil: Cornelis war in einem Milieu aufgewachsen, das den Oraniern ausgesprochen verbunden war, die unter dem Einfluss des König-Statthalters Willem III. vor allem die französische Kultur propagierten.[2] Aber ob man in Berlin, Paris oder Den Haag war, überall hatten die Menschen ein Bedürfnis nach Repräsentation. So baute in Berlin der niederländische Baumeister und Unternehmer Michiel Matthijsz. Smids um 1680 prächtige Stadtpaläste an der vornehmen Friedrichsgracht, was ihm ein gutes Auskommen bescherte.[3]

Cornelis van Schuylenburch konnte sich dank seiner günstigen finanziellen Verhältnisse Ähnliches leisten. Er wusste, was „Existenzmaximum" bedeutete, und war in der Lage, Künstler wie Daniel Marot, Giovanni Battista Luraghi und Mattheus Terwesten anzuwerben, die sich als Architekten und Künstler ihre Sporen an verschiedenen europäischen Fürstenhöfen verdient hatten.[4]

Die Auffassungen der „Rich and Famous" über das Wohnen bzw. die Nutzung der unterschiedlichen Gemächer eines Hauses änderten sich Ende des 17. Jahrhunderts beträchtlich. Diese Änderungen waren direkt von der Wohnkultur am Hofe abgeleitet. So führte das Bedürfnis nach mehr Luxus und Komfort zu größeren Fenstern, die mehr Licht in die Wohnung brachten. Unter den Balkendecken wurden immer häufiger Kas-

[2] Raaij, S. van, Spies, P., *In het gevolg van Willem III & Mary. Huizen en tuinen uit hun tijd,* Amsterdam [2]1988.

[3] Tussenbroek, G. van, „Alle Wege führen nach Brandenburg. Niederländisches Bauen in Brandenburg in der zweiten Hälfte des 17. Jahrhunderts", in: *Brandenburgische Denkmalpflege* Jg. 12, Nr. 1/2003, S. 4–17, und vor allem Tussenbroek, G. van, „Michiel Matthijsz. Smids (Rotterdam 1626 – Berlijn 1692). Keurvorstelijk bouwmeester in Brandenburg", in: *Bulletin KNOB* Jg. 103, Nr. 1/2004, S. 23–48.

[4] Ozinga, M., *Daniel Marot, de schepper van den Hollandschen Lodewijk XIV-stijl,* Amsterdam 1938, und Ottenheym, K., Terlouw, W., Zoest, R. van (Red.), *Daniel Marot. Vormgever van een deftig bestaan. Architectuur en interieurs van Haagse stadspaleizen,* Zutphen 1988.

68

'Een deftig bestaan'

Nadat Cornelis van Schuylenburch het rechter buurpand had gekocht gaf hij in 1715 opdracht om de beide huizen tot een groot en statig stadspaleis samen te voegen. Op dat moment speelden de banden tussen Nederland en Pruisen geen grote rol in zijn leven. In tegendeel: Cornelis was opgegroeid in een uitermate Oranjegezind milieu, dat onder invloed van koning-stadhouder Willem III vooral de Franse cultuur propageerde.[2] Maar of men nu in Berlijn, Parijs of Den Haag was, overal waren mensen te vinden die behoefte hadden aan representatiemogelijkheden. Zo bouwde de Nederlandse bouwmeester en ondernemer Michiel Matthijsz Smids rond 1680 prachtige stadspaleizen aan de voorname Friedrichsgracht in Berlijn, waarmee hij een dikbelegde boterham verdiende.[3]

Cornelis van Schuylenburch kon zich door zijn bijzonder goede financiële positie veel veroorloven. Hij wist wat het woord "bestaansmaximum" betekende en was in staat mensen als Daniel Marot, Giovanni Battista Luraghi en Mattheus Terwesten aan te trekken, die als architect en kunstenaar hun sporen hadden verdiend aan verschillende Europese vorstenhoven.[4]

De opvattingen van de 'rich and famous' over wonen en het gebruik van de verschillende vertrekken binnen een huis veranderden rond het einde van de zeventiende eeuw aanzienlijk. Deze veranderingen waren direct afgeleid van de wooncultuur aan het hof. Behoefte aan meer luxe en comfort leidde tot grotere vensters die meer licht in de woning brachten. In de zeventiende eeuw waren onder de balkenplafonds steeds vaker cassetten- en stucplafonds toege-

[2] Raaij, S. van, Spies, P., *In het gevolg van Willem III & Mary. Huizen en tuinen uit hun tijd,* Amsterdam 1988[2].

[3] Tussenbroek, G. van, "Alle Wege führen nach Brandenburg. Niederländisches Bauen in Brandenburg in der zweiten Hälfte des 17. Jahrhunderts", in: *Brandenburgische Denkmalpflege* jrg. 12, nr. 1/ 2003, pp. 4–17 en met name Tussenbroek, G. van, "Michiel Matthijsz. Smids (Rotterdam 1626 – Berlijn 1692). Keurvorstelijk bouwmeester in Brandenburg", in: *Bulletin KNOB* jrg. 103, nr. 1/ 2004, pp. 23–48.

[4] Ozinga, M., *Daniel Marot, de schepper van den Hollandschen Lodewijk XIV-stijl,* Amsterdam 1938 en Ottenheym, K., Terlouw, W. Terlouw, Zoest, R. van (red.), *Daniel Marot. Vormgever van een deftig bestaan. Architectuur en interieurs van Haagse stadspaleizen,* Zutphen 1988.

setten- und Stuckdecken angebracht, sodass die Balken nicht länger sichtbar waren. Diese Decken konnten flach ausgebildet sein, waren jedoch häufig mit einer Voute versehen. Italienische und schweizerische Stuckateure wurden um 1700 auf dem niederländischen Markt tätig und fingen an, der Innenausstattung ihren Stempel aufzudrücken. So bereicherten sie Stuckdecken gelegentlich durch Leinwandbilder, umrahmt von üppiger Stuckornamentik. Auf Vertäfelungen und Wandbespannungen fanden hellere Farben Anwendung. Auf Rahmen genagelte Tapeten verdrängten allmählich lose Wandbespannungen. Durch die zunehmende Anbringung von Spiegeln gewannen die Räume an Licht.

Zentrales Element in der Ausstattung blieb nach wie vor der Kamin. Aber auch hier sind Änderungen wahrzunehmen: Mehr als vorher wurde die Dekoration betont. Der

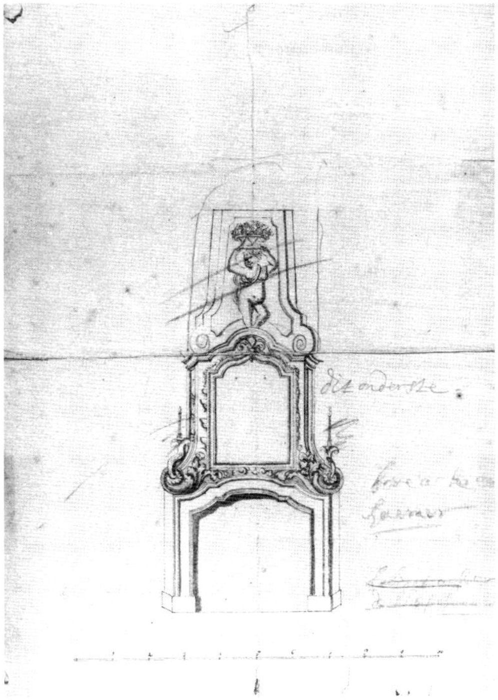

Kaminentwurf von Daniel Marot, publiziert in seinen *Nouvelles Cheminées à Panneaux de Glace à la Manière de France*.

Kaminentwurf mit Bemerkungen von Cornelis van Schuylenburch.

Schouwontwerp van Daniel Marot, gepubliceerd in zijn *Nouvelles Cheminées à Panneaux de Glace à la Manière de France*.

Schouwontwerp met aantekeningen van Cornelis van Schuylenburch.

past, waardoor de balken aan het oog werden onttrokken. Deze plafonds konden vlak worden uitgevoerd, maar vaak waren ze ook voorzien van een holle lijst, een zogenaamde 'koof'. Italiaanse en Zwitserse stucwerkers zouden rond 1700 de markt gaan beheersen en hun stempel op vertrekken gaan drukken. Zij voorzagen de stucplafonds soms van op doek geschilderde werken, omlijst met weelderig gedecoreerd stucwerk. De toegepaste kleuren op lambriseringen en wandbespanningen werden lichter. Losse wandbespanningen maakten bovendien langzaam plaats voor vast behang dat op een raamwerk werd genageld. Ook het gebruik van spiegels nam toe, waardoor de lichtopbrengst werd verhoogd.

Centraal element binnen het interieur bleef zoals vanouds de haard. Maar ook hier waren veranderingen merkbaar: meer dan voorheen werd aandacht geschonken aan de decoratie van de schouw. De Fransman Daniel Marot had een type schouw geïntroduceerd dat lager was dan de traditionele zeventiende-eeuwse schouwen. Bovendien was de schouw van Marot van opzij

Franzose Daniel Marot führte einen Kamintyp ein, der niedriger als die traditionellen Kamine des 17. Jahrhunderts war. Außerdem waren Marots Kamine an der Seite geschlossen. Hierdurch konnte besser und effektiver geheizt werden. Der Kamin war mit einer Umrahmung aus Naturstein gefasst. Oberhalb der Feuerstelle schlug Marot in seinen Stichen Stuckarbeiten, Gemälde und Vasen oder das Aufstellen von Fayencen vor. Seine Kamine waren immer in die Dekoration und Vertäfelung des Raumes einbezogen, was zu einer gestalterischen Einheit führte.

Schauen wir uns die Ausstattung des Hauses Schuylenburch an, dann zeigt sich, dass die neuen Auffassungen hier völlig zur Geltung gekommen sind. Zugleich stellt sich aber heraus, dass Marot nicht der Einzige war, der Entwürfe für Van Schuylenburch geliefert hat. Außer den französischen sind auch niederländische und italienische Einflüsse wahrnehmbar. Im Folgenden werden wir Giovanni Battista Luraghi (1675–1736), Philip van Dijck (1680–1753), Jacob de Wit (1695–1754), Abraham Bisschop (1640–1731), Mattheus Terwesten (1670–1757), Jan van Gool (1685–1763) und Caspar Pieter Verbrugghen II. (1664–1730) begegnen.

Während des durchgreifenden Umbaus seines Hauses führte Cornelis van Schuylenburch eine straffe Regie. Es ist interessant zu sehen, wie groß seine Rolle als Auftraggeber war: Er schrieb Bemerkungen auf die Entwürfe, sorgte für Veränderungen und Ergänzungen von Leistungsbeschreibungen und er korrespondierte mit dem Deckenmaler Jacob de Wit, um eine Bemalung, die exakt seinen Vorstellungen entsprach, zu erhalten.[5] Für das Treppenhaus ließ er Giovanni Battista Luraghi einen Entwurf anfertigen. In

[5] Pijzel-Dommisse, J., „1700–1750“, in: Willemijn Fock, C., (Red.), *Het Nederlandse interieur in beeld. 1600–1900*, Zwolle 2001, S. 181–202, S. 182.

Der Grüne Salon des Hauses Schuylenburch.

De Groene Salon van het Huis Schuylenburch.

[5] Pijzel-Dommisse, J., "1700–1750", in: Willemijn Fock, C., (red.), *Het Nederlandse interieur in beeld. 1600–1900,* Zwolle 2001, pp. 181–271, p. 182.

gesloten. Hierdoor kon er beter en voordeliger worden gestookt. De schouw was gevat in een natuurstenen omlijsting en Marot begon in zijn ontwerpen boven de schouw stucwerk, schilderingen, vazen of porseleinopstellingen te suggereren. Zijn schouwen waren bovendien opgenomen in de decoratie en de betimmering van de kamer en vormde er zodoende één geheel mee.

Kijken we naar het interieur van het Huis Schuylenburch, dan blijkt dat hier de nieuwe opvattingen ten volle tot uitvoering zijn gekomen. Tegelijk blijkt dat Marot niet als enige ontwerpen voor Van Schuylenburch heeft geleverd. Naast Franse zijn er ook nog Nederlandse en Italiaanse invloeden aan te wijzen. In het onderstaande zullen we de namen tegenkomen van Giovanni Battista Luraghi (1675–1736), Philip van Dijck (1680–1753), Jacob de Wit (1695–1754), Abraham Bisschop (1640–1731), Mattheus Terwesten (1670–1757), Jan van Gool (1685–1763) en Caspar Pieter Verbrugghen II (1664–1730).

Bij de ingrijpende verbouwing van zijn bezit voerde Cornelis van Schuylenburch een strakke regie. Het is interessant om te zien hoe groot zijn rol als opdrachtgever was: hij maakte aantekeningen op de ontwerpen, zorgde voor veranderingen en aanvullingen van bestekken en hij correspondeerde met plafondschilder Jacob de Wit, zodat hij uiteindelijk precies zou krijgen wat hij wilde.[5] Voor het trappenhuis liet hij Giovanni Battista Luraghi een ontwerp maken, die op zijn tekening twee soorten pilasters weergaf waaruit Van Schuylenburch zijn keuze kon maken. De bouwheer koos uiteindelijk voor tamelijk brave gecanneleerde pilasters en niet voor de nogal extravagante decoratie, om niet al te veel uit de toon te vallen bij wat in Den Haag gebruikelijk was.

seiner Zeichnung schlug dieser zwei Pilastervarianten vor, aus denen Van Schuylenburch auswählen konnte. Der Bauherr entschied sich schließlich für die einfachen kannelierten Pilaster und nicht für die extravagantere Variante, um nicht zu sehr aus dem in Den Haag üblichen Rahmen zu fallen.

Die Ausstattung des Hauses gestalteten zum größten Teil der Stuckateur Giovanni Battista Luraghi und der Haager Maler Mattheus Terwesten. Letzterer war ein Bruder von Augustinus Terwesten, der als Hofmaler des brandenburgischen Kurfürsten und erster Direktor der Kunstakademie in Berlin wirkte.[6] Im neuen Haus ließ man einige ältere Mauern stehen. Balken, Vertäfelungen, Kamine und Alkovenwände wurden im zweiten Obergeschoss wieder verwendet.[7] Obwohl das Haus nicht gänzlich neu gebaut wurde und es also eher um einen durchgreifenden Umbau ging, versuchte Van Schuylenburch seine Vorstellungen so weit wie möglich zu verwirklichen. Neue Materialien durften durchaus ihren Preis haben. Die Fußböden mussten aus „guten *koperweegse*[8] Holzdielen von 1,5 Zoll, jedes Stück so lang wie das Zimmer und die Asthölzer bestimmt nicht größer als ein Heller [...] an einer Seite gehobelt und auf Schwalbenschwänzen

[6] Ebd., S. 182.
[7] Ebd.
[8] Fichten- oder Kiefernholz aus Kopervik, Norwegen. Siehe Haslinghuis, E. J., Janse, H., *Bouwkundige Termen. Verklarend woordenboek van de westerse architectuur- en bouwhistorie,* Leiden [3]1997, S. 273–274.

Eingang zum Großen Salon (obere Halle) und Treppenhaus.

Entree van de Grote Salon (bovenvestibule) en trappenhuis.

Het interieur van het huis werd grotendeels vormgegeven door stucwerker Giovanni Battista Luraghi en de Haagse schilder Mattheus Terwesten. Deze laatste was een broer van Augustinus Terwesten, hofschilder van de Brandenburgse keurvorst en eerste directeur van de schildersacademie te Berlijn.[6] In het nieuwe interieur werden enkele oude muren gehandhaafd. Balken, lambriseringen, schouwen en alkoofwanden werden op de bovenverdieping hergebruikt.[7] Ondanks dat er geen geheel nieuw huis was gebouwd en het eerder ging om een zeer ingrijpende verbouwing, probeerde Van Schuylenburch zijn wensen zoveel mogelijk te verwezenlijken. Nieuwe materialen mochten wat kosten. De vloeren moesten worden gemaakt van “goeije koperweegse[8] 1,5 duims balkdelen, ijder deel ter lengte van de kamer en de quasten vooral niet grooter dan een duijt [...] aan een zijde geschaeft en op swaluwstaerten geleijdt.” De vloerdelen werden dus op zwaluwstaartvormige blokken geschoven, zodat er in de vloer geen spijkers zichtbaar zijn. Voor de betimmeringen werd gebruik gemaakt van het dure eikenhouten wagenschot, zo’n 1,5 centimeter dikke delen.[9] In de hal werd het dure Carraramarmer gelegd.

[6] Ibidem, p. 182.
[7] Ibidem.
[8] Vuren- of grenenhout uit Kopervik, Noorwegen. Zie Haslinghuis, E. J., Janse, H., *Bouwkundige Termen. Verklarend woordenboek van de westerse architectuur- en bouwhistorie,* Leiden [3]1997, pp. 73–274.

gelegt“ gefertigt werden. Die Bodendielen wurden also auf schwalbenschwanzförmige Blöcke geschoben, damit im Boden keine Nägel sichtbar blieben. Für die Vertäfelungen wählte man das kostspielige „Wagenschoss“, Holzbretter von etwa 1,5 Zentimeter Stärke.[9] Im Flur fand teurer Carraramarmor Verwendung.

Kennzeichnend für die neue Ausstattung waren das Bedürfnis nach Repräsentation sowie die Trennung von öffentlichen und privaten Räumen. Auf den Grundrissen ist deutlich zu sehen, wie auf der Beletage und im ersten Obergeschoss des Hauses am Lange Vijverberg fünf unterschiedliche Appartements realisiert wurden, mit einem großen Zimmer oder Schlafzimmer, einem Kabinett und bisweilen einer Garderobe. Ein

[9] Canneman, H. E., „Het huis Schuylenburch / Das Haus Schuylenburch“, in: Knoke, K. H., Canneman, H. E., Lehmann, K. H., *Het Huis Schuylenburch te 's-Gravenhage. Ein kunsthistorisches Juwel und seine Geschichte als deutsche diplomatische Vertretung in den Niederlanden. Festschrift zur Einweihung am 6. Juni 1968,* 's-Gravenhage 1968, S. 11–49, S. 20. Canneman zeigt noch mehr Details auf, nicht allein in Bezug auf die Umbauten von 1715 und den folgenden Jahren, sondern auch zu den Ergebnissen der Untersuchungen der 1960er Jahre, als das Haus instandgesetzt wurde. Wagenschoss ist Eichenholz, das vertikal auf die Jahresringe gesägt ist, wodurch prächtige Strukturen entstehen.

Großer Salon (obere Halle).

Grote salon (bovenvestibule).

Kenmerkend voor het nieuwe interieur was de behoefte aan representatie en de scheiding van vertrekken waar bezoekers werden ontvangen en privé-vertrekken. Op de plattegronden is duidelijk te zien hoe op de eerste en tweede verdieping van het huis aan de Lange Vijverberg vijf verschillende appartementen werden gerealiseerd, met een grote kamer of slaapkamer, een kabinet en soms een garderobe. Een indrukwekkende doorkijk (een zogenaamde 'enfilade') werd slechts een enkele keer verwezenlijkt, door deuren in elkaars verlengde te plaatsen. Omdat de oude structuur van het huis op verschillende plaatsen gehandhaafd moest blijven was de aanleg van enfilades niet altijd mogelijk. De deuren werden voorzien van snijwerk en een geprofileerd kozijn, de velden erboven werden geschilderd, gebeeldhouwd of gestuct.

[9] Canneman, H.E., "Het huis Schuylenburch/ Das Haus Schuylenburch", in: Knoke, K.H., Canneman, H.E., Lehmann, K.H. Lehmann, *Het Huis Schuylenburch te 's-Gravenhage. Ein kunsthistorisches Juwel und seine Geschichte als deutsche diplomatische Vertretung in den Niederlanden. Festschrift zur Einweihung am 6. Juni 1968,* 's-Gravenhage 1968, pp. 11–49, p. 20. Canneman geeft nog meer details, niet alleen met betrekking tot de verbouwing van het huis in 1715 en de daaropvolgende jaren, maar ook over de resultaten van het onderzoek dat in de jaren 1960 is uitgevoerd, toen het huis werd gerestaureerd. Wagenschot is eikenhout, dat loodrecht op de jaarringen is gezaagd, waardoor prachtige structuren ontstaan.

beeindruckender Durchblick, eine so genannte „Enfilade“, wurde nur ein einziges Mal umgesetzt. Weil die alte Struktur des Hauses an verschiedenen Stellen übernommen werden musste, war die Verwirklichung von Enfiladen nicht immer möglich. Die Türen wurden mit Schnitzereien und profilierten Türumrahmungen dekoriert, die Supraporten bemalt, skulptiert oder stuckiert.

Nutzung und Repräsentation

Mit der Anwerbung eines italienischen Stuckateurs schloss Schuylenburch an eine ältere europäische Tradition an. Während des gesamten 17. Jahrhunderts hatten Stuckateure aus Norditalien und der Schweiz in ganz Europa, bis nach England, Dänemark,

[10] Siehe Hahn, Peter-Michael, Lorenz, Hellmut (Hg.), *Herrenhäuser in Brandenburg und der Niederlausitz. Kommentierte Neuausgabe des Ansichtenwerks von Alexander Duncker (1857–1883),* 2 Bände, Berlin 2000, Nr. 1, S. 63, Nr. II, S. 353 und Nülken, Christian, „Frankfurt an der Oder. Das „Junkerhaus“ im 17. Jahrhundert“, in: *Brandenburgische Denkmalpflege* Jg. 1, Nr. 2/ 1992, S. 57–68.

Entwurf von Giovanni Battista Luraghi für die westliche Wand des großen Salons. Auf der Zeichnung sind zwei verschiedene Varianten vorgeschlagen, unter denen der Bauherr auswählen konnte.

Ontwerp van Giovanni Battista Luraghi voor de westelijke wand van de grote salon. In de tekening zijn twee verschillende varianten aangegeven, waaruit de bouwheer kon kiezen.

Gebruik en representatie

Met het inhuren van een Italiaanse stucwerker sloot Schuylenburch aan bij een al langer bestaande Europese traditie. Gedurende de gehele zeventiende eeuw hadden stucwerkers uit Noord-Italië en Zwitserland hun kunsten in Europa vertoond, tot in Engeland, Denemarken, Zweden en Rusland toe. In het Duitse Brandenburg ontstond in de tweede helft van de zeventiende eeuw in de buurt van Frankfurt aan de Oder een concentratie van gebouwen met hoogwaardige stucdecoratie.[10] In Thüringen, Westfalen of verder naar het noorden waren vele stucwerkers te vinden, die zich meestal voor langere tijd in een bepaalde plaats vestigden.

De Italiaanse stucwerkers waren meestal afkomstig uit de streek rond het Comomeer en het Meer van Lugano. Zij vormden hechte gemeenschappen, waarin de vakkennis van vader op

[10] Zie Hahn, Peter-Michael, Lorenz, Hellmut (hg.), *Herrenhäuser in Brandenburg und der Niederlausitz. Kommentierte Neuausgabe des Ansichtenwerks von Alexander Duncker (1857–1883),* 2 banden, Berlin 2000, nr. 1, p. 63, nr. II, p. 353 en Nülken, Christian, “Frankfurt an der Oder. Das “Junkerhaus” im 17. Jahrhundert”, in: *Brandenburgische Denkmalpflege* Jrg. 1, nr. 2/ 1992, pp. 57–68.

[11] Zie Baier-Schröcke, Helga, *Der Stuckdekor in Thüringen vom 16. bis 18. Jahrhundert,* Berlin 1968 of Rinn, Barbara, *Italienische Stukkateure zwischen Elbe und Ostsee. Stuckdekoration des Spätbarock in Norddeutschland und Dänemark,* Kiel 1999.

Die westliche Wand des großen Salons (obere Halle) mit kannelierten Pilastern.

Schweden und Russland, ihre Kunst verbreitet. Im deutschen Brandenburg kam es in der Nähe von Frankfurt an der Oder in der zweiten Hälfte des 17. Jahrhunderts zu einer Konzentration von Bauten mit hochwertiger Stuckdekoration.[10] In Thüringen, Westfalen oder weiter im Norden waren viele Stuckateure zu finden, die sich oft für eine längere Zeit in einem Ort ansiedelten. Die italienischen Stuckateure kamen vor allem aus der Gegend um den Comer und Luganer See. Sie bildeten feste Gemeinschaften und die Vä-

De westelijke wand van de grote salon (bovenvestibule) met gecanneleerde pilasters.

[12] Zie Freling, W.V.J., *Stucwerk in het Nederlandse woonhuis, uit de 17e en 18e eeuw*, Leeuwarden etc. 1993.

zoon werd doorgegeven. Stucwerkers waren verenigd in compagnonschappen – dus een heel andere organisatie dan de Nederlandse gilden – en het werk werd dankzij een familieband gegarandeerd. De leden kregen een gedegen opleiding en waren meestal ook architect, beeldhouwer of ontwerper.[11]

In Nederland stammen de vroegste voorbeelden van stucwerk uit de zestiende eeuw, maar een werkelijke massale opbloei is pas in het begin van de achttiende eeuw vast te stellen.[12] Met hun naturalistische voorstellingen en hun grote vakmanschap wisten de rondtrekkende stucter gaben ihr Können an die Söhne weiter. Stuckateure waren in Teilhaberschaften organisiert – eine ganz andere Form der Organisation als die der niederländischen Zünfte – und Beschäftigung war dank der Familienbande garantiert. Die Mitglieder erhielten eine gediegene Ausbildung und waren oft auch als Architekten, Bildhauer oder Planer tätig.[11]

In den Niederlanden stammen die frühesten Beispiele von Stuckarbeiten aus dem 16. Jahrhundert, ein deutlicher Aufschwung ist zu Beginn des 18. Jahrhunderts festzustellen.[12] Mit ihren naturalistischen Darstellungen und ihrem fachmännischen Können wussten die wandernden Stuckateure die kaum vorhandene örtliche Konkurrenz einfach außer Kraft zu setzen. Wohlhabende private Auftraggeber ließen ihre Häuser gerne mit ‚italienischen' Stuckarbeiten ausstatten, wie es beispielsweise in Haarlem im Teylers Fundatiehuis festzustellen ist. Das Haus wurde 1715 für Hendrik Adriaan van der Marck, einem persönlichen Bekannten von Willem Hendrik van Schuylenburch, gebaut. Van der Marck ließ sein Haus von dem italienischen Stuckateur, Steinmetz und Architekten Giovanni Battista Luraghi mit Stuckarbeiten ausstatten.[13]

Luraghi war Anfang der 1690er Jahre in die Niederlande gekommen und arbeitete am Palast Het Loo bei Apeldoorn, außerdem in Leiden und in Den Haag. Dort erhielt er 1715 den Auftrag von Cornelis van Schuylenburch, sein Haus am Lange Vijverberg mit Stuckarbeiten auszustatten. Ein Vergleich mit der zur selben Zeit hergestellten Stuckarbeit für Van der Marck in Haarlem ist insofern interessant, da unterschiedliche Figuren in fast identischer Weise in beiden Häusern vorzufinden sind, zum Beispiel eine rittlings auf Wolken sitzende Frauenfigur, die von einigen Putten begleitet wird.[14] In Haarlem

[11] Siehe Baier-Schröcke, Helga, *Der Stuckdekor in Thüringen vom 16. bis 18. Jahrhundert,* Berlin 1968, oder Rinn, Barbara, *Italienische Stukkateure zwischen Elbe und Ostsee. Stuckdekoration des Spätbarock in Norddeutschland und Dänemark,* Kiel 1999.
[12] Siehe Freling, W. V. J., *Stucwerk in het Nederlandse woonhuis, uit de 17e en 18e eeuw,* Leeuwarden etc. 1993.
[13] Über Luraghi: Jager, G. W. M. und Fock, C. W., *Italiaans Stucwerk in Den Haag en Leiden. 1700–1800,* Delft 1984, S. 28–41.
[14] Willemijn Fock, C., „Hendrik Adriaan van der Marck en de bouw van Damstraat 21 te Haarlem, het latere Teylers Fundatiehuis", in: *Bouwen in Nederland. Leids Kunsthistorisch Jaarboek 1984,* Delft 1985, S. 131–156, S. 136, und Ottenheym, Terlouw, Van Zoest 1988, S. 57–58.

werkers de nauwelijks bestaande locale concurrentie gemakkelijk buiten spel te zetten. Rijke particuliere opdrachtgevers lieten hun huis graag met 'Italiaans' stucwerk decoreren, zoals vast te stellen is in het huidige Teylers Fundatiehuis in Haarlem, gebouwd voor Hendrik Adriaan van der Marck in 1715, die Willem Hendrik van Schuylenburch persoonlijk kende. Van der Marck liet de Italiaanse stucwerker, steenhouwer en architect Giovanni Battista Luraghi het stucwerk in zijn huis verzorgen.[13]

Luraghi was waarschijnlijk rond 1700 naar Nederland gekomen en werkte aan Het Loo, in Leiden en Den Haag. Daar kreeg hij in 1715 de opdracht van Cornelis van Schuylenburch om het stucwerk aan de Lange Vijverberg te verzorgen. De vergelijking met het parallel ontstane stucwerk voor Van der Marck in Haarlem is daarom zo interessant, omdat verschillende figuren op bijna gelijke wijze in beide huizen voorkomen, zoals een schrijlings op de wolken zittende vrouwenfiguur, begeleid door enkele putti.[14] In Haarlem personifieert deze figuur *Justitia,* terwijl in de Werkkamer in Den Haag een soortgelijke figuur de *Misura* verbeeldt. Andere vergelijkbare motieven uit het werk van Luraghi zijn te vinden in Leiden.[15] Ook decoratieve elementen zoals olijftakken, medaillons e.d. keren vaker in het werk van Luraghi terug.

Maar kijken we naar wat Cornelis van Schuylenburch nu eigenlijk wilde. Wat was het resultaat van zijn inspanningen? "Een onoverzichtelijke indeling met enkele monumentale effecten" is het wel genoemd, hoewel de opdrachtgever en zijn uitvoerders daarmee wel wat tekort wordt gedaan.[16] Tegelijkertijd wordt zijn huis als het hoogtepunt van burgerlijke bouwkunst rond 1700

[13] Over Luraghi: Jager, G.W.M. en Fock, C.W., *Italiaans Stucwerk in Den Haag en Leiden. 1700–1800,* Delft 1984, pp. 28–41.
[14] Willemijn Fock, C., "Hendrik Adriaan van der Marck en de bouw van Damstraat 21 te Haarlem, het latere Teylers Fundatiehuis", in: *Bouwen in Nederland. Leids Kunsthistorisch Jaarboek 1984,* Delft 1985, pp. 131–156, p. 136 en Ottenheym, Terlouw, Van Zoest 1988, p. 57–58.
[15] Fock 1985, p. 137.
[16] Meischke, R., Zantkuijl, H.J., Rosenberg, P.T.E.E., *Huizen in Nederland. Zeeland en Zuid-Holland. Architectuurhistorische verkenningen aan de hand van het bezit van de Vereniging Hendrick de Keyser,* Zwolle etc. 1997, p. 111.

[15] Fock 1985, S. 137.
[16] Meischke, R., Zantkuijl, H. J., Rosenberg, P. T. E. E., *Huizen in Nederland. Zeeland en Zuid-Holland. Architectuurhistorische verkenningen aan de hand van het bezit van de Vereniging Hendrick de Keyser*, Zwolle etc. 1997, S. 111.

Grundrisse von Erdgeschoss und Souterrain, Baupläne von 1715.

stellt diese Figur *Justitia* dar, während im Arbeitszimmer von Haus Schuylenburch eine ähnliche Vorstellung die *Misura* zeigt. Ähnliche Motive aus dem Œuvre Luraghis sind in Leiden zu finden.[15] Auch dekorative Elemente wie Ölzweige oder Medaillons tauchen häufig in Luraghis Arbeiten auf.

Aber sehen wir uns an, was Cornelis van Schuylenburch eigentlich beabsichtigte. Wie sah das Ergebnis seiner Bemühungen aus? „Eine unübersichtliche Aufteilung mit ein paar monumentalen Effekten“ ist die Umgestaltung des Hauses genannt worden, womit dem Auftraggeber und seinen Künstlern sicherlich Unrecht getan wird.[16] Zugleich wird sein Haus als der Höhepunkt bürgerlicher Baukunst um 1700 betrachtet. Um das Ideal eines vornehmen Wohnstils zu verwirklichen, musste alles, was die Repräsentations-

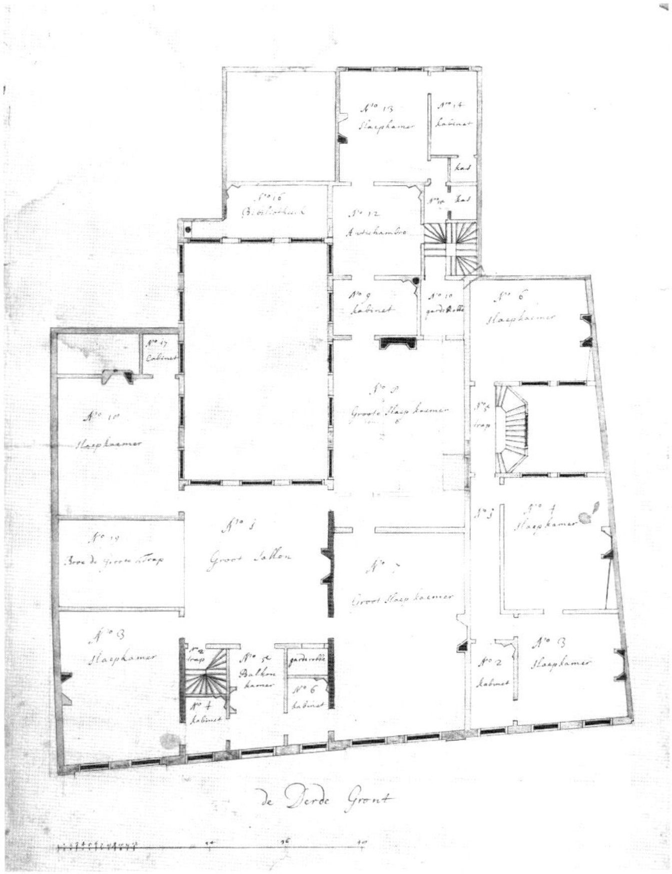

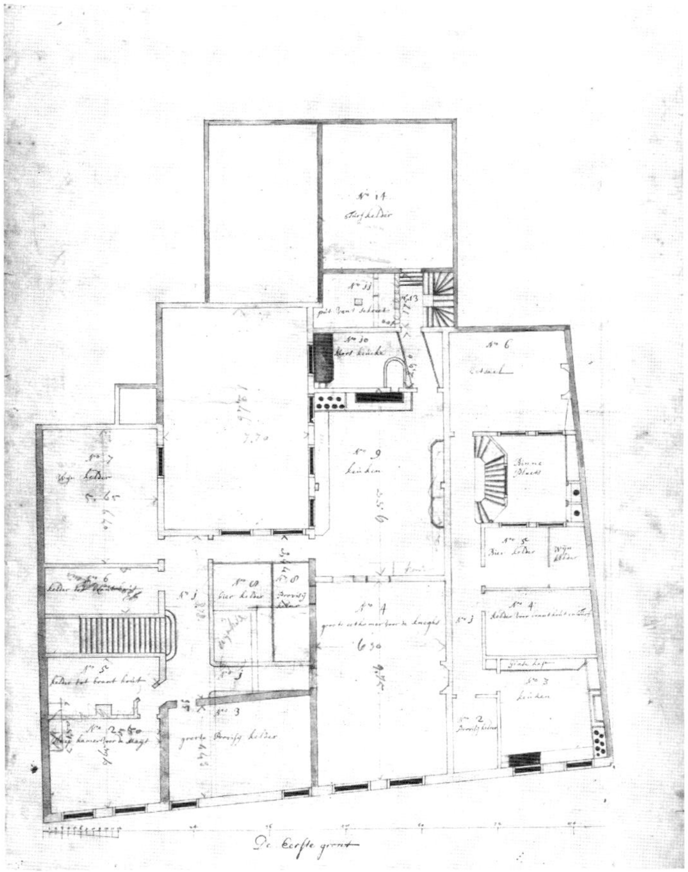

Plattegrond van de eerste verdieping, bouwplan van 1715.

Plattegrond van het souterrain, bouwplan van 1715.

beschouwd. Om het ideaal van wonen op stand te realiseren was het zaak om alles wat niet voor representatieve doeleinden geschikt was, aan het oog te onttrekken. In de praktijk kwam dat er op neer dat alle dienstvertrekken van het huis in het souterrain werden gesitueerd, zoals op de plattegrond uit 1715 te zien is. Hier waren een slaapkamer voor de meid, een grote provisiekelder, een grote eetkamer voor de knechts, twee kelders waar brandhout kon worden opgeslagen, een turfkelder, een wijnkelder, een bierkelder, een keuken, een waskeuken en een secreet ondergebracht.

Wat wél mocht worden gezien was een etage hoger gesitueerd. De bel-etage werd gebruikt voor representatieve doeleinden. Na binnenkomst in het *voorhuys* betrad men een al langer zwecke störte, dem Blick entzogen werden. In der Praxis lief dies darauf hinaus, dass alle Diensträume in das Souterrain gelegt wurden, wie dem Grundriss von 1715 zu entnehmen ist. Hier befanden sich ein Schlafzimmer für das Dienstmädchen, ein großer Vorratskeller, ein großes Esszimmer für die Knechte, zwei Keller für die Lagerung von Brennholz, ein Torfkeller, ein Weinkeller, ein Bierkeller, eine Küche, eine Waschküche und ein Abort.

Was aber gesehen werden sollte, wurde ein Geschoss darüber – in der Beletage, der 1. Etage, die Repräsentationszwecken diente untergebracht. Hinter dem Entrée im Vestibül gelangte man in ein schon älteres Vorzimmer, das Bestandteil des großen Flurs war. Von hier aus betrat man links das Esszimmer (gegenwärtig das Herrenzimmer) oder rechts ein Schlafzimmer (gegenwärtig Speisesaal). Unmittelbar hinter dem Vorzimmer lag der geschlossene Innenhof, während sich rechts an der Vorderseite des Hauses das große Zimmer (Gelber Salon) befand, dem sich dahinter ein weiteres großes Zimmer anschloss. An der Rückseite lagen das Kutschenhaus und der Stall, sehr praktisch über die

Die Justitia im Teylers Fundatiehuis in Haarlem, eine Decke von Giovanni Battista Luraghi.

Die Misura im Arbeitszimmer des Hauses Schuylenburch.

De Justitia in het Teylers Fundatiehuis te Haarlem, een plafond van Giovanni Battista Luraghi.

De Misura in de werkkamer van Huis Schuylenburch.

bestaande antichambre, die in de centrale hal met het trappenhuis was opgenomen. Vanuit de hal kon men naar links in de *eetzael* (tegenwoordig de herenkamer) of naar rechts naar de *slaepkamer* (tegenwoordig de eetzaal). Direct achter de hal lag de gesloten binnenplaats, terwijl zich rechts van de hal aan de voorkant van het huis de *groote kamer* (Gele Salon) en daarachter nog een *groote kamer* (Groene Salon) bevond. Tenslotte lagen aan de achterkant het koetshuis en de stal, heel praktisch toegankelijk vanaf de diensttrappen en de binnenplaats. Een tussenverdieping bood hier plaats aan een hooizolder en een kinderkamer.

De eerste verdieping was er voor het privé-leven van de huisheer. Hier bevonden zich in verschillende appartementen de vertrekken van Van Schuylenburch en zijn familie. Uitzonderlijk voor de huizen in die tijd is dat in het Huis Schuylenburch niet alleen de bel-etage, maar ook deze eerste verdieping van een bijzonder rijke decoratie is voorzien.

De *groote sallon* (bovenvestibule), in het verlengde van het trappenhuis, is twee verdiepingen hoog. Door een achtkantige koepel op het dak valt licht naar binnen. Deze grote salon is de

Dienstbotentreppe und den Innenhof zugänglich. Ein Zwischengeschoss beherbergte einen Heuboden und ein Kinderzimmer.

Das zweite Stockwerk diente dem Privatleben des Hausherrn. Hier befanden sich in unterschiedlichen Appartements die Gemächer Van Schuylenburchs und seiner Familie. Außergewöhnlich für Häuser aus dieser Zeit ist, dass im Haus Schuylenburch nicht nur die Beletage, sondern auch das zweite Obergeschoss mit üppigen Dekorationen versehen ist.

Der große Salon in Verlängerung des Treppenhauses reicht über zwei Geschosse. Durch eine achtseitige Kuppel auf dem Dach fällt Tageslicht hinein. Dieser große Salon ist der zentrale Raum, um den die verschiedenen Räume gruppiert sind, an der Vorderseite das heutige Arbeitszimmer und das Wohnzimmer, die jeweils über ein Kabinett verfügen, wobei das rechte Appartement außerdem eine Garderobe besaß. Die beiden Appartements an der Rückseite ähnelten sich ebenfalls. Das linke war ein einfaches Schlafzimmer mit einem Kabinett, während das rechte auch noch über eine Garderobe verfügte. Noch weiter hinten lag ein zweites Vorzimmer, das über die Diensttreppe an der Rückseite zugänglich war. Von diesem Vorzimmer aus waren ein

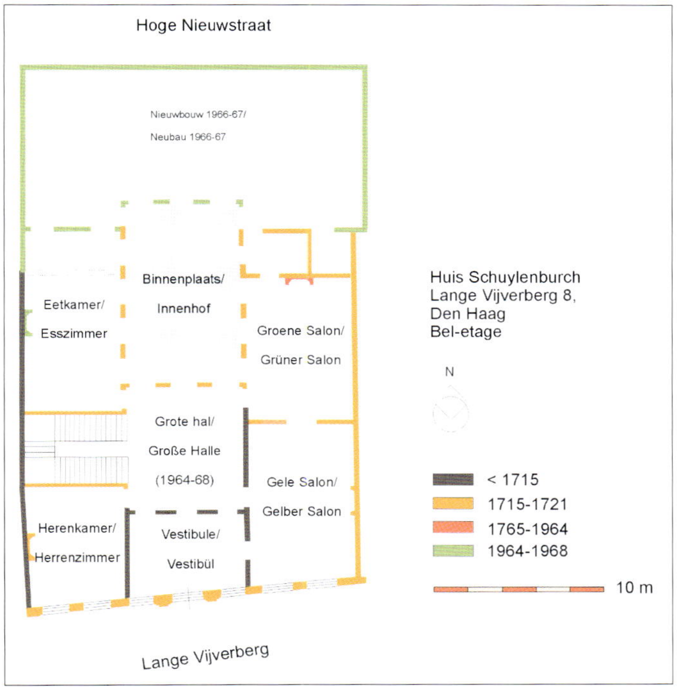

Bauphasenplan der Beletage des Hauses Schuylenburch mit den heutigen Funktionen.

Gefaseerde plattegrond van de bel-etage van Huis Schuylenburch met de huidige functies.

[17] In de jaren 1960 verdwenen. In plaats daarvan werd op deze plaats een keuken gebouwd. Zoest, R. van, Eck, X. van, *Huis Schuylenburch,* 's-Gravenhage 1988, p. 34.

centrale ruimte van waaruit de verschillende appartementen kunnen worden betreden, twee aan de voorkant, de huidige Werkkamer en Woonkamer. Beide appartementen waren voorzien van een kabinet, waarbij het rechter tevens over een garderobe beschikte. De twee appartementen aan de achterzijde leken eveneens op elkaar. Het linker appartement was een eenvoudige slaapkamer met een kabinet, terwijl het rechter ook nog over een garderobe beschikte. Daar weer achter lag een tweede antichambre, die via de diensttrap aan de achterzijde toegankelijk was. Vanuit deze antichambre was een vijfde appartement aan de achterzijde van het gebouw en de bibliotheek bereikbaar, die zich boven een deel van de hooizolder bevond. Dit achterhuis is in de jaren 1960 afgebroken.

De verdieping die hierboven lag was lager en alleen te bereiken via een wenteltrap naast de balkonkamer.[17] Tussen 1964 en 1968 is deze trap vervangen door een nieuw trappenhuis, achter het grote trappenhuis gelegen. De tweede verdieping bood aan de voorzijde ruimte aan nog eens drie slaapkamers, met daarin delen van de oude betimmering van het huis dat Willem van Schuylenburch in 1678 had gekocht. De overige ruimtes op de verdieping deden dienst als zolder.

fünftes Appartement an der Rückseite des Gebäudes und die Bibliothek zugänglich. Diese befand sich zum Teil über dem Heuboden. Das Hinterhaus wurde in den 1960er Jahren abgerissen.

Das dritte Geschoss war niedriger und nur über eine Wendeltreppe neben dem Balkonzimmer erreichbar,[17] die zwischen 1964 und 1968 durch ein neues Treppenhaus hinter dem großen Treppenhaus ersetzt wurde. Der dritte Stock bot Raum für weitere drei Schlafzimmer, die mit Resten der älteren Vertäfelung des Hauses ausgestattet waren, das Willem van Schuylenburch 1678 gekauft hatte. Die übrigen Räume in diesem Geschoss dienten als Dachboden.

[17] Verschwunden in den 1960er Jahren. Stattdessen wurde an diesem Ort eine Küche eingebaut. Zoest, R. van, Eck, X. van, *Huis Schuylenburch*, 's-Gravenhage 1988, S. 34.
[18] Der Großteil der Information basiert auf Van Zoest, Van Eck 1988 und Canneman 1968.

Ein kleiner Rundgang durch das Haus

Um einen besseren Eindruck zu erhalten, wie Cornelis van Schuylenburch seine Bildung und sein Vermögen zur Schau zu stellen versuchte, unternehmen wir nun einen kleinen Rundgang durch die wichtigsten Räume seines Hauses.[18]

Man betritt das Haus Schuylenburch über das Vestibül. Es handelt sich hier um einen kleinen, asymmetrischen Raum, der mit Ausnahme der Türen ganz weiß gefasst ist. Die Wände sind durch ionische Pilaster gegliedert, zwischen denen sich flache Nischen befin-

Een kleine rondgang door het huis

Om nu een beter beeld te krijgen van de manier waarop Cornelis van Schuylenburch precies wilde pronken met zijn eruditie en zijn vermogen, zullen we een rondgang maken door de belangrijkste vertrekken van zijn huis.[18]

Men betreedt het Huis Schuylenburch via het voorhuis of de vestibule. Dit is een kleine asymmetrische ruimte, die op de deuren na helemaal wit is. De wanden zijn onderverdeeld met Ionische pilasters, waartussen zich ondiepe nissen bevinden. Het pronkstuk in deze ruimte is het plafond, toegeschreven aan Giovanni Battista Luraghi. Het uitgevoerde werk vertoont veel overeenkomsten met een bewaard gebleven ontwerptekening. Het centrale, ovale medaillon is echter niet van een allegorische figuur voorzien. In plaats daarvan is bij de uitvoering voor een decoratieve invulling gekozen.

Nadat de bezoeker het huis is binnengekomen gaat hij verder naar de centrale ruimte van het huis, de hal met het rijkgedecoreerde trappenhuis. De huidige hal is in de jaren 1964–68 ontstaan, toen het huis ingrijpend werd gerenoveerd. Oorspronkelijk bestond de ruimte voor de trappen slechts uit een kleine galerij en was in de huidige hal een antichambre aanwezig, waar het bezoek werd gevraagd te wachten voordat zij tot een andere ruimte werd toegelaten. In ver-

[18] De meeste informatie is gebaseerd op Van Zoest, Van Eck 1988 en Canneman 1968.

den. Das Prunkstück dieses Raumes ist die Giovanni Battista Luraghi zugeschriebene Decke. Deren Gestaltung zeigt große Ähnlichkeiten mit einer von ihm erhaltenen Entwurfszeichnung. Das zentrale ovale Medaillon trägt jedoch nicht wie vorgesehen eine allegorische Figur, stattdessen kam eine dekorative Ausfüllung zur Ausführung.

Nachdem der Besucher das Haus betreten hat, gelangt er in dessen zentralen Raum, den Flur mit dem üppig dekorierten Treppenhaus. Der jetzige Flur entstand in den Jahren 1964–68, als das Haus umfassend renoviert wurde. Ursprünglich lag vor der Treppe nur eine schmale Galerie, der Rest des Raumes war abgetrennt und als Vorzimmer genutzt. Hier wurden die Besucher gebeten zu warten, bevor sie in einen anderen Raum vorgelassen wurden. Im Verhältnis zu einigen anderen Räumen des Hauses war dieses Vorzimmer relativ einfach gestaltet, mit einer Luraghi zugeschriebenen Stuckdecke und vier Gemälden von Abraham Bisschop. Dieser aus Middelburg stammende Maler war für seine Malereien von Vogelszenen bekannt. Dass dieser Raum so einfach gestaltet war, hing damit zusammen, dass der Besucher nicht allzu sehr vom ersten Eindruck über-

Das Vorzimmer, das bei der Instandsetzung 1964–68 entfernt worden ist, um Platz zu schaffen für einen geräumigen Flur.

Entwurf für die Decke im Vorderhaus, Giovanni Battista Luraghi zugeschrieben.

Entwurf für das Deckengemälde im Gelben Salon durch Mattheus Terwesten und Giovanni Battista Luraghi.

De antichambre, die bij de restauratie van 1964–68 is verwijderd om plaats te maken voor een ruime hal.

Ontwerp voor het plafond van het voorhuis, toegeschreven aan Giovanni Battista Luraghi.

Ontwerp voor het plafondstuk in de Gele Salon door Mattheus Terwesten en Giovanni Battista Luraghi.

houding tot een aantal andere ruimtes in het huis was deze antichambre relatief eenvoudig vormgegeven, met een stucplafond dat waarschijnlijk van Luraghi is en vier schilderijen van Abraham Bisschop. Deze uit Middelburg afkomstige schilder stond bekend om zijn schilderijen van vogels. Dat deze ruimte zo eenvoudig was uitgevoerd, had ermee te maken dat de bezoeker niet al te zeer moest worden overweldigd door de eerste indruk. De ruimte diende als opmaat voor de rest van het huis en daarom zijn nog niet alle registers opengetrokken. Toen de antichambre tijdens de restauratie in de jaren zestig werd verwijderd, werden de schilderingen van Abraham Bisschop overgebracht naar de huidige eetzaal. Het plafond werd daar eveneens naartoe verplaatst.

Rechts van de antichambre lagen twee grote kamers, tegenwoordig de Gele Salon en Groene Salon genoemd. De Gele Salon aan de voorzijde maakt de betiteling van het Huis Schuylenburch als stadspaleis waar. Het is de enige ruimte in het huis waarvan het gehele plafond

Das Deckengemälde im Gelben Salon mit der Aufnahme Iphigenies in den Himmel durch Diana, von Philip van Dijck.

Entwurf für das Deckengemälde im Gelben Salon durch Philip van Dijck.

Der Gelbe Salon.

Ontwerp voor het plafondstuk in de Gele Salon door Philip van Dijck.

De plafondschildering in de Gele Salon met de tenhemelopneming van Iphigenia door Diana, door Philip van Dijck.

De Gele Salon.

wältigt werden sollte. Der Raum diente als Auftakt für den Rest des Hauses, weshalb hier noch nicht alle Register gezogen wurden. Als dieses Vorzimmer während der Baumaßnahmen der 1960er Jahre entfernt wurde, bezog man jedoch sowohl die Malereien von Abraham Bisschop als auch die Stuckdecke in den jetzigen Speisesaal ein.

Rechts vom Vorzimmer liegen zwei große Gemächer, heute Gelber und Grüner Salon genannt. Der Gelbe Salon an der Vorderseite bestätigt den Status des Hauses Schuylenburch als Stadtpalast. Es ist der einzige Raum des Hauses, dessen Decke komplett bemalt ist. Van Schuylenburch beauftragte Philip van Dijck, der erst kurz in Den Haag lebte, einen Entwurf zu liefern, wie auch den Stuckateur Luraghi und den Maler Mattheus Terwesten. Obwohl der Entwurf auf Terwesten zurückgeht, erhielt letztendlich Van Dijck den Auftrag für die Ausführung des Deckengemäldes. Eine illusionistische Darstellung lässt den Besucher glauben, dass oberhalb des Gesimses Zuschauer stehen, die die zentrale Szene beobachten. Iphigenie, eine Tochter Agamemnons, sollte geopfert werden, um den Zorn der Jagdgöttin Diana zu besänftigen. Der Seher Kalchas hatte nämlich berichtet, dass Agamemnon einen von Dianas Lieb-

Supraporte mit dem Seher Kalchas im Gelben Salon.

beschilderd is. Van Schuylenburch had Philip van Dijck, die nog maar kort in Den Haag woonde, opdracht gegeven een ontwerp te maken, evenals stucwerker Luraghi en schilder Mattheus Terwesten (afb. 19, 20 en 21). Het ontwerp van Van Dijck gaat terug op een voorstelling van Terwesten, maar toch werd Van Dijck met de uitvoering belast. Een trompe l'oeuil laat de bezoeker geloven dat boven de kroonlijst toeschouwers staan, die de centrale scène gadeslaan. Iphigenia, een dochter van Agamemnon, zou geofferd worden om de toorn van Diana, de godin van de jacht, op te heffen. De ziener Calchas had namelijk verteld dat Agamemnon een van Diana's lievelingsherten had gedood, waarop zij in haar toorn een sterke wind veroorzaakte. Hierdoor kon de Griekse vloot niet naar Troje uitvaren. Maar op het moment dat Iphigenia zou worden geofferd, verscheen Diana uit de hemel om haar mee te nemen. In de plaats van Iphigenia legde ze een hinde op het altaar. Het moment van de tenhemelopneming staat centraal in de plafondschildering. Vergezeld door symbolen van de liefde, de hoop en de standvastigheid wordt Iphigenia meegevoerd, om later priesteres van Diana in een tempel te Tauris te worden. Twee deurstukken staan in direct verband met deze plafond-

Deurstuk met de ziener Calchas in de Gele Salon.

lingshirschen getötet hatte, woraufhin sie in ihrem Zorn einen kräftigen Sturm verursachte. Deshalb konnte die griechische Flotte nicht nach Troja segeln. In dem Moment, als Iphigenie geopfert werden sollte, erschien aber Diana aus dem Himmel und nahm sie mit. Statt Iphigenie legte sie eine Hirschkuh auf den Altar. Der Moment der Aufnahme in den Himmel bildet die zentrale Szene im Deckengemälde. Begleitet von den Symbolen der Liebe, der Hoffnung und der Standfestigkeit wird Iphigenie mitgeführt, um später Priesterin Dianas in einem Tempel in Tauris zu werden. Zwei Supraporten stehen direkt mit diesem Deckengemälde in Zusammenhang. Sie zeigen den Seher Kalchas und einen etwas bestürzten Agamemnon, dessen Tochter entführt wurde. Einem Entwurf für ein Kaminstück mit Iphigenie folgte ein drittes Gemälde im Gelben Salon. Heute befindet es sich im neuen Treppenhaus im ersten Obergeschoss. Vermutlich wurde es zum Zeitpunkt der Verbringung an den neuen Ort in seinem Format verändert. Vom Kamin blieb nur der obere Teil aus dem Anfang des 18. Jahrhunderts erhalten. Sonst wurde er, möglicherweise zeitgleich mit der Erneuerung des Herrenzimmers, im Empirestil erneuert. Reliefs aus weißem Marmor zeigen Venus und Amor. Den Kamin

Supraporte mit Agamemnon im Gelben Salon.

Deurstuk met Agamemnon in de Gele Salon.

schildering. Zij stellen de ziener Calchas voor en een enigszins bedremmeld kijkende Agamemnon, wiens dochter wordt meegenomen. Een ontwerp voor een schoorsteenstuk met daarop Iphigenia leidde tot de vervaardiging van een derde schilderij. Iphigenia vinden we terug als los schilderij in het nieuwe trappenhuis op de eerste verdieping, maar niet meer in de Gele Salon. Waarschijnlijk is het op zeker moment bijgesneden en bijgeschilderd. De schouw is, mogelijk tegelijkertijd met de vernieuwing van de herenkamer, vernieuwd in empirestijl. Witmarmeren reliëfs laten Venus en Amor zien. De schouw is omlijst met twee gecanneleerde halfzuilen in wit marmer. Daarboven bevindt zich een grote spiegel. Het bovenste gedeelte van de schouw dateert echter nog uit het begin van de achttiende eeuw.

Een vierde schilderij met daarop Achilles, met wie Iphigenia had zullen trouwen, bevindt zich tegenwoordig boven de deur in het kabinet achter de Groene Salon, waar het pas bij de restauratie van 1964–68 is geplaatst. Waarschijnlijk hing het oorspronkelijk boven een deur tussen de Gele Salon en de vestibule, die op een onbekend moment is dichtgezet.[19] Het ontwerp voor de lambrisering van de Gele Salon is toegeschreven aan Luraghi.

[19] Tegenwoordig bevindt zich tussen de beide ruimtes weer een doorgang.

rahmen zwei kannelierte Halbsäulen aus weißem Marmor. Oberhalb davon befindet sich ein großer Spiegel.

Ein viertes Gemälde mit Achilles, dem versprochenen Bräutigam der Iphigenie, befindet sich seit der Restaurierung 1964–68 im Kabinett hinter dem Grünen Salon oberhalb der Tür. Wahrscheinlich hing es ursprünglich zwischen dem Gelben Salon und dem Vestibül über einer Tür, die zu einem unbekannten Zeitpunkt verschlossen wurde.[19] Der Entwurf für die Vertäfelung des Gelben Salons wird Luraghi zugeschrieben.

Hinter dem Gelben Salon liegt der schon erwähnte Grüne Salon, so genannt wegen seiner grünen Wandbespannung aus Damast. Die doppelte Zwischentür ist wahrscheinlich im 19. Jahrhundert als Ersatz für eine viel schmalere Tür eingebaut worden. Dass der Grüne Salon (der früher übrigens ein Roter Salon war)[20] als einer der wichtigsten Räume des Hauses galt, geht aus der Tatsache hervor, dass hier der Maler Jacob de Wit die Ausmalung vornahm. De Wit, der in Amsterdamer Kreisen ein häufig beauftragter Künstler war, lieferte seine erste Haager Arbeit im Haus des Cornelis van Schuylenburch ab. Da De Wit erhoffte, dass er damit werben konnte und so andere Aufträge erhalten würde, entschied er sich dafür, Van Schuylenburch einen niedrigeren Preis

[19] Heute befindet sich zwischen den beiden Räumen wieder ein Durchgang.

[20] Während der Instandsetzung von 1964–68 wurde die Wandbespannung des späten 18. Jahrhunderts aus rotem Damast durch eine grüne erstetzt. Damit

Porträt der Iphigenie im neuen Treppenhaus, ursprünglich im Gelben Salon.

Portret van Iphigenia in het kleine trappenhuis, oorspronkelijk in de Gele Salon.

Achter de Gele Salon ligt de *Groene Salon,* zo genoemd vanwege het groene damast tegen de wanden. De dubbele tussendeur is hier waarschijnlijk in de negentiende eeuw aangebracht, ter vervanging van een veel smallere deur. Dat de Groene Salon (die vroeger overigens een rode salon was)[20] een van de belangrijkste ruimtes was in het huis blijkt wel uit het feit dat hier de schilder Jacob de Wit de decoratie heeft verzorgd. De Wit, die in zijn tijd een veelgevraagd schilder was in Amsterdamse kringen, leverde zijn eerste Haagse werk af in het huis van Cornelis van Schuylenburch. Omdat hij hoopte dat hij er reclame mee zou kunnen maken en daardoor andere opdrachten zou krijgen, besloot hij een lagere prijs te vragen dan gewoonlijk, overigens met het verzoek aan Van Schuylenburch om er met niemand over te spreken.[21]

Het klapstuk in de Groene Salon is de schilderijencyclus van De Wit. Op drie deurstukken – die hij in Amsterdam schilderde en die later zijn ingebouwd – beeldde hij Jupiter en Callisto, Jupiter en Antiope en Jupiter en Mnemosyne af. De scènes laten zien hoe oppergod Jupiter zich in verschillende vermommingen aan buitenechtelijke avontuurtjes waagt. De grote ovale pla-

[20] Tijdens de restauratie van 1964–1968 werd de laat-achttiende-eeuwse rood damasten wandbespanning door de huidige groene vervangen. Daarmee correspondeert de kleur met de lichte,

als üblich anzubieten, jedoch mit der Bitte an Van Schuylenburch, darüber zu schweigen.[21]

korrespondiert die Farbe mit der hellen, grünlichen Farbschicht, die während der Untersuchungen in den 1960er Jahren als die ursprüngliche angesehen wurde.
[21] Van Zoest, Van Eck 1988, S. 58–59.

Supraporte mit Achilles, heute im Grünen Salon, ursprünglich im Gelben Salon.

De Wits Gemäldezyklus ist das Prunkstück im Grünen Salon. Auf drei Supraporten – die er in Amsterdam gefertigt hatte und die später eingebaut wurden – sind Jupiter und Callisto, Jupiter und Antiope sowie Jupiter und Mnemosyne zu sehen. Die Szenen zeigen, wie Hauptgott Jupiter sich in unterschiedlichen Verkleidungen in außereheliche Abenteuer stürzte. Den Höhepunkt innerhalb der von Luraghi ausgeführten Stuckdecke bildet die große ovale Deckenbemalung. Das Gemälde stellt ein heidnisches Bacchanal dar, wobei die Bacchanten, Satyren und Amoretten ein himmlisches Fest mit viel geistigem Getränk in den Wolken feiern. Natürlich durfte in dieser Geschichte die Moral nicht fehlen: Oberhalb der benebelten Festbesucher erscheint eine geflügelte Frau, die die Barmherzigkeit verkörpert. Sie hätte die Möglichkeit, die Feiernden zu bestrafen, verzichtet darauf jedoch aus Barmherzigkeit. In der Stuckumrahmung ist an den Ecken das Symbol Jupiters – der Adler – eingearbeitet. Auf diese Weise werden die antike Lebensfreude und die christliche Tugend der Barmherzigkeit miteinander vereint.

Deurstuk met Achilles, tegenwoordig in de Groene Salon, oorspronkelijk in de Gele Salon.

fondschildering, binnen het stucplafond dat door Luraghi was uitgevoerd, vormt het hoogtepunt. De schildering stelt een heidens bacchanaal voor, waarbij bacchanten, saters en amoretten in de wolken een hemels feest vieren, besprenkeld met veel geestrijk vocht. Natuurlijk mocht de moraal in dit verhaal niet ontbreken: boven de bedwelmde feestvierders op hun wolken, stijgt een gevleugelde vrouw uit die de goedertierendheid belichaamt. Zij is in staat om te straffen, maar uit mildheid ziet ze daarvan af. In de stucomlijsting is in de hoeken het symbool van Jupiter, de adelaar, verwerkt. Zodoende worden de antieke levensvreugde en de christelijke deugd van de barmhartigheid met elkaar verenigd.

In dit geheel ontbreekt een schildering, die zich tegenwoordig in de balkonkamer op de eerste verdieping bevindt. Op dit schilderij van Terwesten zijn Amor en Psyche afgebeeld. Oorspronkelijk was het een deurstuk in de Groene Salon, maar rond 1765 kreeg het een nieuwe lijst en later werd het in de balkonkamer als schoorsteenstuk ingebouwd. Het schilderij laat een verhaal zien dat de beschouwer wederom een spiegel voorhoudt: Psyche was een gewone

groen getinte oorspronkelijke verflaag, die tijdens onderzoek in de jaren zestig als de oorspronkelijke afwerking werd herkend.
[21] Van Zoest, Van Eck 1988, p. 58–59.

In diesem Bildprogramm fehlt ein Gemälde von Terwesten, das sich heute im Balkonzimmer im zweiten Stock befindet. Dargestellt sind Amor und Psyche. Ursprünglich befand es sich im Grünen Salon, um 1765 bekam es einen neuen Rahmen und wurde später in das Balkonzimmer als Kaminstück eingefügt. Das Gemälde hält dem Betrachter wiederum einen Spiegel vor: Psyche war eine sterbliche Frau, die durch ihre Schönheit die Eifersucht der Göttin Venus erweckte. Deswegen wünschte sich Venus, Psyche solle sich durch Einwirkung ihres Sohnes Amor in einen unansehnlichen Mann verlieben. Dies ging aber anders aus: Amor war so von der schönen Psyche beeindruckt, dass er sich selbst mit seinen Liebespfeilen verwundete …

Der Kamin im Grünen Salon trägt einen großen Spiegel. Lange nachdem Van Schuylenburch sein Haus hatte umbauen lassen, ist dieser Kamin wahrscheinlich im 19. Jahrhundert durchgreifend verändert worden. Außerdem sind um das Ende des 18. Jahrhunderts an der hofseitigen Wand zwei wandhohe vergoldete Spiegel mit dazugehörigen Tischen angebracht worden.

Auch das Kabinett, das sich hinter dem Grünen Salon befindet, erlebte in der zweiten Hälfte des 18. Jahrhunderts eine Veränderung, wobei es eine neue Kaminverkleidung

Entwurf für die Vertäfelung im Gelben Salon, Giovanni Battista Luraghi zugeschrieben.

Ontwerp voor de lambrisering in de Gele Salon, toegeschreven aan Giovanni Battista Luraghi.

[22] Ibidem.

vrouw, die door haar schoonheid de jaloezie van de godin Venus opwekte. Daarom wilde ze dat haar zoon Amor Psyche op een oerlelijke man verliefd zou laten worden, maar dit pakte anders uit: Amor was zo onder de indruk van de mooie Psyche, dat hij zichzelf met zijn liefdespijl en verwondde…

De schoorsteen in de Groene Salon zelf vertoont tegenwoordig een grote spiegel. Lang nadat Van Schuylenburch zijn huis liet verbouwen is deze schoorsteen ingrijpend veranderd, waarschijnlijk in de negentiende eeuw. Bovendien zijn tegen het einde van de achttiende eeuw tegen de wand aan de binnenplaats van de salon twee vergulde penantspiegels met bijbehorende tafels aangebracht.

Het kabinet dat achter de Groene Salon ligt, heeft in de tweede helft van de achttiende eeuw een verandering ondergaan, waarbij een nieuwe boezembetimmering werd aangebracht. Het plafondstuk in het kabinet is eveneens van Terwesten en stelt de afloop van het verhaal van Amor en Psyche voor. Mercurius voert Psyche na vele beproevingen eindelijk naar de Olympus. Venus heeft eindelijk haar gramschap opgegeven en medelijden gekregen en toegestaan dat Psyche als geliefde van Amor onsterfelijkheid zou krijgen.[22] Het kabinet en de Groene Salon erhielt. Das ebenfalls von Terwesten gemalte Deckenstück zeigt, wie die Geschichte von Amor und Psyche ausging. Merkur führt Psyche nach vielen Erprobungen endlich zum Olymp. Venus hat schließlich ihren Zorn aufgegeben und genehmigt, dass Psyche als Geliebte Amors Unsterblichkeit erhielt.[22] Das Kabinett und der Grüne Salon bilden also in ikonographischer Hinsicht ein Ganzes, da sie sich mit den „geheimen Lieben der klassischen Götter“ beschäftigen. Im Kabinett befindet sich außerdem noch ein Porträt des Bauherrn mit seiner Familie von Philip van Dijck.

An der anderen Seite des zentralen Flurs liegt hinter dem Treppenhaus der heutige Speisesaal. Zur Vorderseite ist das Herrenzimmer eingerichtet. Der heutige Speisesaal diente ursprünglich als Schlafzimmer. Der Kamin in diesem Raum, einer der fünf erhaltenen Kamine aus der Zeit von Cornelis van Schuylenburch, befand sich bis in die 1960er

[22] Ebd.

Supraporte mit Jupiter und Callisto im Grünen Salon.

Supraporte mit Jupiter und Antiope im Grünen Salon.

Supraporte mit Jupiter und Mnemosyne im Grünen Salon.

Deurstuk met Jupiter en Callisto in de Groene Salon.

Deurstuk met Jupiter en Antiope in de Groene Salon.

Deurstuk met Jupiter en Mnemosyne in de Groene Salon.

vormen zodoende in iconografisch opzicht een geheel, daar ze zich met de 'geheime liefdes der klassieke goden' bezighouden. Verder bevindt zich in het kabinet een portret van de bouwheer met zijn familie door Philip van Dijck.

Aan de andere kant van de hal ligt de huidige eetzaal achter het trappenhuis en de herenkamer aan de voorzijde. De huidige eetzaal was oorspronkelijk een slaapkamer. De schouw in de eetkamer is een van de vijf schouwen die nog in het huis bewaard zijn gebleven uit de tijd van Cornelis van Schuylenburch. De schouw bevond zich oorspronkelijk in de korte achterwand en is in de jaren zestig van de twintigste eeuw verplaatst. Het schoorsteenstuk laat twee zwanen zien en is afkomstig uit de antichambre. Om het schilderij passend te maken, is het in de jaren 1964–68 vergroot. Alle betimmeringen in de ruimte zijn nog uit de tijd van Daniel Marot. De lambrisering kon worden gecompleteerd, omdat er tijdens de restauratie in de jaren zestig een constructietekening op de ruw gestucte muur werd aangetroffen. In de eetzaal hangen

Der Grüne Salon.

Deckengemälde im Grünen Salon von Jacob de Wit, Darstellung eines himmlischen Bacchanals, im Hintergrund die Milde.

De Groene Salon.

Plafondschildering in de Groene Salon van Jacob de Wit, voorstellend een hemels bacchanaal, met de mildheid op de achtergrond.

Jahre an der Stirnseite. Das Kaminstück stellt zwei Schwäne dar und stammt aus dem Vorzimmer. Um es einzufügen, ist das Gemälde zwischen 1964 und 1968 vergrößert worden. Die Vertäfelungen in diesem Raum stammen noch aus der Zeit von Daniel Marot. Sie konnten aufgrund einer in den 1960er Jahren auf der roh bearbeiteten Mauer entdeckten Konstruktionszeichnung komplettiert werden. Im Speisesaal hängen zwei Gemälde mit römischen Veduten von Giovanni Paolo Pannini (1691–1765) und ein „Blick auf München" (eine ältere Kopie nach Bernardo Bellotto, genannt Canaletto, 1724–80) sowie ein Gobelin aus Brüssel von etwa 1600 mit Darstellung einer Falkenjagd. Vier naturgetreue und farbenprächtige Vogelszenen von Abraham Bisschop stammen aus dem Vorzimmer, ebenso die für ihren neuen Anbringungsort vergrößerte Stuckdecke.[23]

Das Herrenzimmer an der Vorderseite des Hauses ist der ehemalige Speisesaal. Er fällt insofern aus dem Rahmen, als dass es sich um einen älteren Raum handelt, den man 1715 nur an das neue Haus anpasste. Hierfür wurden die Decke angehoben und die vorhandenen Ver-

twee schilderijen waarop Romeinse stadsgezichten zijn afgebeeld, van de hand van Giovanni Paolo Pannini (1691–1765), een 'Gezicht op München' (een oude kopie naar Bernardo Bellotto, genoemd Canaletto, 1724–80) en een Brussels gobelin van rond 1600 met de voorstelling van een valkenjacht. Vier natuurgetrouwe en kleurrijke vogelscènes van Abraham Bisschop zijn afkomstig uit de antichambre, evenals het stucplafond, dat voor zijn nieuwe functie werd aangevuld.[23]

De *Herenkamer* aan de voorzijde van het huis is de voormalige eetzaal. De ruimte valt enigszins uit de toon, wat ermee te maken heeft dat het een oude ruimte is, die in 1715 alleen maar is aangepast aan het nieuwe huis. Het plafond werd hoger opgetrokken en ook de oude betimmeringen werden verhoogd. Een doorgang naar de vestibule werd dichtgezet, en in plaats daarvan werd er een blinde deur aangebracht. Rond 1800 kreeg de eetzaal een nieuw uiterlijk in de stijl van Lodewijk XVI. De betimmering en het stucplafond werden geheel vernieuwd. Twee ronde grisailles, die de con-

[23] Canneman 1968, S. 18.

Kaminstück mit Amor und Psyche von Mattheus Terwesten im Balkonzimmer, ursprünglich im Grünen Salon.

Merkur führt Psyche zum Olymp. Deckengemälde von Mattheus Terwesten im Kabinett im Erdgeschoss.

täfelungen erweitert, ein Durchgang zum Vestibül verschlossen und stattdessen eine Blendtür angebracht. Um 1800 erhielt der Speisesaal ein neues Aussehen im Louis- XVI-Stil. Vertäfelung und Stuckdecke wurden gänzlich erneuert. Zwei runde Grisaillen, die die Kontinente Asien und Afrika darstellen, sind als Supraporten angebracht. Das Porträt des Prinzen Frederik Hendrik ist eine zeitgenössische Kopie nach Michiel van Mierevelt. Sonst sind in diesem Raum die Porträts von Willem II. (nach Willem van Honthorst) und Mary Stuart (nach Peter Lely) zu finden. Diese Gemälde befanden sich vorher im Arbeitszimmer im zweiten Stock. Im Herrenzimmer hängen heute außerdem die Waldlandschaft von Gilles van Haanen und eine Landschaft mit Herde von Dallinger, die zeitweise im Wohnzimmer hingen.

Den Höhepunkt des Gebäudes bilden das Treppenhaus und der große Salon im zweiten Stock. Dieses Meisterwerk Luraghis hat viele Besucher sprachlos gemacht. Die Pilaster der Beletage gehören der ionischen Ordnung an, die im ersten Obergeschoss der korinthischen. Der über zwei Geschosse reichende Salon erhält Licht durch eine reich dekorierte Kuppel. In den Feldern des weit

tinenten Azië en Afrika voorstellen, zijn als deurstukken aangebracht. Het portret van prins Frederik Hendrik is een contemporaine kopie naar Michiel van Mierevelt. Voorts zijn er deze ruimte portretten van Willem II (naar Willem van Honthorst) en Mary Stuart (naar Peter Lely) te vinden. Deze schilderijen bevonden zich voordien in de werkkamer op de eerste verdieping. In de Herenkamer bevinden zich tegenwoordig ook het woudlandschap van Gillis van Haanen en een landschap met kudde van Dallinger, die vroeger in de woonkamer hingen.

Schoorsteenstuk met Amor en Psyche door Mattheus Terwesten in de Balkonkamer, oorspronkelijk in de Groene Salon.

Mercurius voert Psyche naar de Olympus. Plafondschildering van Mattheus Terwesten in het kabinet op de beletage.

Het hoogtepunt van het huis zijn het trappenhuis en de grote salon op de verdieping. Dit meesterwerk van Luraghi zal menig bezoeker met stomheid hebben geslagen. De pilasters op de bel-etage zijn van de Ionische orde, op de eerste verdieping zijn zij Corinthisch. De zich over twee verdiepingen uitstrekkende salon krijgt licht door de rijk bewerkte koepel. De hoog opgetrokken koof is verdeeld in velden met daarin gevleugelde sfinxen, acanthusranken, guirlandes en putti die de vier elementen vuur, water, lucht en aarde uitbeelden.[24]

[23] Canneman 1968, p. 18.
[24] Ottenheym, Terlouw, Van Zoest 1988, p. 53.

hochgezogenen Kuppelgewölbes befinden sich Darstellungen von geflügelten Sphinxen, Akanthuszweigen, Girlanden und Putten, die die vier Elemente Feuer, Wasser, Luft und Erde darstellen.[24]

Die Supraporten im großen Salon des ersten Obergeschosses zieren in Medaillons gefasste Büsten von Nymphen und Göttinnen, ebenfalls aus Stuck hergestellt. Es handelt sich um Venus, Diana, Ceres, Flora, Pomona, Athena und eine nicht identifizierte Figur.[25]

[24] Ottenheym, Terlouw, Van Zoest 1988, S. 53.
[25] Van Zoest, Van Eck 1988, S. 50.

De deurstukken in de salon op de verdieping bevatten borstbeelden van nimfen en godinnen, gevat in medaillons, die eveneens uit stucwerk zijn vervaardigd. Het gaat om Venus, Diana, Ceres, Flora, Pomona, Athena en een niet geïdentificeerde figuur.[25] Centrale blikvanger in de salon is de nis waarin nu het borstbeeld van keurvorst Friedrich Wilhelm van Brandenburg prijkt. Oorspronkelijk was deze nis voorbehouden aan een levensgrote vrouwenfiguur, die waarschijnlijk de muze van de dans, Terpsichore, voorstelde. Boven de nis en de kroonlijst is het wapen

[25] Van Zoest, Van Eck 1988, p. 50.

Zentraler Blickfang im Salon ist die Nische, in der sich jetzt die Büste des Kurfürsten Friedrich Wilhelm von Brandenburg befindet. Ursprünglich war diese Nische einer lebensgroßen Frauenfigur vorbehalten, die wahrscheinlich die Muse des Tanzes, Terpsichore, darstellte. Oberhalb der Nische und des Gesimses ist das Wappen von Van Schuylenburch und seiner Frau, Martha Kemp, zu sehen. Im Treppenhaus hängt das Porträt des König-Statthalters Willem III. (eine Kopie nach Willem Wissing).

Bei einem Rundgang im ersten Obergeschoss, dem zweiten Stock des Hauses gelangt man zuerst in das heutige Wohnzimmer, das früher als *großes Schlafzimmer* bezeichnet wurde. Was in diesem Raum, rechts an der Vorderseite des Hauses, direkt ins Auge fällt, ist Luraghis üppige Stuckdecke. Sie ist in geometrische Felder unterteilt und enthält zwei Vierpässe mit den Allegorien der Milde (Liberalitas) und der Vorsicht (Prudentia). Die Milde sitzt auf einer Wolke, neben sich ein Füllhorn. Freigiebig streut sie Münzen, die ein Putto auffängt. Die Vorsicht ist etwas

Der heutige Speisesaal, nach der Vergrößerung während der Restaurierung in den Jahren 1964–68. Der Kamin befand sich ursprünglich in der Nordwand.

Kaminstück im Speisesaal von Abraham Bisschop. Ursprünglich befand sich dieses vergrößerte Gemälde im Vorzimmer, das zugunsten der unteren Halle aufgegeben wurde.

De huidige eetzaal, na de vergroting tijdens de restauratie in de jaren 1964–68. De schouw bevond zich oorspronkelijk in de noordwand.

Schoorsteenstuk in de eetzaal door Abraham Bisschop. Oorspronkelijk bevond dit later vergrote stuk zich in de antichambre, op de plaats waar zich nu de benedenhal bevindt.

van Van Schuylenburch en van zijn vrouw, Martha Kemp, te zien. In het trappenhuis hangt het portret van stadhouder Willem III (een kopie naar Willem Wissing).

Maken we nu een ronde over de eerste verdieping van het huis, dan komen we eerst in wat tegenwoordig de woonkamer is, een ruimte die vroeger als *grote slaepkamer* werd aangeduid. Wat in deze kamer, rechts aan de voorzijde, direct opvalt is het uitbundige stucplafond van Luraghi. Het is in geometrische vlakken onderverdeeld en bevat twee vierpassen met daarin de allegorie van de mildheid (Liberalitas) en de allegorie van de voorzichtigheid (Prudentia). De mildheid zit op een wolk, met naast zich een hoorn des overvloeds. Vrijgevig strooit zij munten uit, die door een putto worden opgevangen. De voorzichtigheid is wat minder dynamisch weergegeven. Om haar rechterarm kronkelt een slang, in haar linkerhand houdt zij een spiegel. Putti dragen haar helm en haar schild. Op de hoeken van het plafond zijn de vier jaargetijden weergegeven. Het centrale ronde veld is uitgevoerd in de vorm van een gedrukte koepel. Ook hier weniger dynamisch dargestellt. Um ihren rechten Arm windet sich eine Schlange, in ihrer linken Hand hält sie einen Spiegel. Putten tragen ihren Helm und ihr Schild. In den Ecken der Decke sind die vier Jahreszeiten dargestellt. Das zentrale, runde Feld ist in Form einer gedrückten Kuppel ausgeführt worden. Auch im Wohnzimmer sind oberhalb der Tür Supraporten, diesmal vom bekannten Haager Tiermaler Jan van Gool. Die Gemälde werden von einer Stuckumrahmung gefasst und stellen Hirtenszenen in der Tradition des Malers Paulus Potter aus dem 17. Jahrhundert dar. Diese ursprünglich nicht für diesen Raum hergestellten Gemälde wurden für ihren heutigen Platz speziell zugeschnitten.[26] Im Wohnzimmer finden sich außerdem ein Schrank (18. Jahrhundert) und die getuschte Federzeichnung einer italienischen Landschaft von Philip Hackert. Im 19. Jahrhundert wurde der Kamin erneuert.

Hinter dem heutigen Wohnzimmer liegt ein fast gleich großer Raum mit Kabinett – heutzutage das große Schlafzimmer –, der bereits zur Zeit Cornelis van Schuylenburchs als Schlafzimmer diente. Das Zimmer hat nicht mehr seine alte Ausdehnung, da im 19. Jahrhundert ein Flur abgetrennt wurde, um den zentralen großen Salon mit der Diensttreppe an der Rückseite des Hauses zu verbinden. Auf diese Weise brauchte das Personal nicht mehr durch die

26 Canneman 1968, S. 41.

Vorstudien oder Konstruktionszeichnungen der Vertäfelung, entdeckt während der Restaurierung von 1964–68.

Eine Vogelszene von Abraham Bisschop im Speisesaal.

zijn boven de deuren schilderingen aangebracht, ditmaal van de hand van de bekende Haagse veeschilder Jan van Gool. De schilderingen zijn gevat in een omlijsting van stucwerk en stellen herderstaferelen voor in de traditie van de zeventiende-eeuwse Paulus Potter. Deze schilderijen zijn oorspronkelijk niet voor deze ruimte gemaakt. Zij werden voor hun huidige bestemming op maat gesneden.[26] Voor het overige zijn in de woonkamer een kast (achttiende eeuw) en een gewassen pentekening met een Italiaans landschap van Philip Hackert te vinden. In de negentiende eeuw is de schoorsteen vernieuwd.

Achter de huidige woonkamer ligt een ongeveer even grote kamer met kabinet – tegenwoordig de grote slaapkamer – die in de tijd van Van Schuylenburch eveneens dienst deed als slaapkamer. De kamer heeft niet meer zijn oorspronkelijke gedaante. In de negentiende eeuw werd een gang van de slaapkamer afgeschoten, om de grote salon met de dienstopgang aan de achterkant van het huis te verbinden, zodat het personeel niet meer door de privé-vertrekken zou hoeven te lopen. Hierbij werd het oorspronkelijke stucplafond opgeofferd.

Behouden zijn de deur- en schoorsteenstukken, die ook hier weer een afwijkend motief dragen. Ditmaal gaat het om bloemschilderingen, van de hand van Caspar Pieter Verbrugghen II, die tussen 1706 en 1723 in Den Haag woonde. Een aantal jaren eerder had hij in het apparte-

Voorstudies of constructietekeningen van de lambrisering, aangetroffen tijdens de restauratie van 1964–68.

Een vogelscène van Abraham Bisschop in de eetzaal.

[26] Canneman 1968, p. 41.

Privatgemächer zu gehen. Dieser Baumaßnahme fiel auch die ursprüngliche Stuckdecke zum Opfer.

Erhalten blieben die Supraporten und das Kaminstück, die auch hier wieder ein abweichendes Dekor aufweisen. Diesmal handelt es sich um Blumenmalereien von Caspar Pieter Verbrugghen II., der zwischen 1706 und 1723 in Den Haag lebte. Einige Jahre vorher hatte er im Appartement des König-Statthalters Willem III. in Het Loo Blumenmalereien angefertigt. Cornelis van Schuylenburch beauftragte also Künstler, die für die höchsten Kreise tätig gewesen waren. Die Inszenierung der Blumenmalereien stammt wahrscheinlich von Mattheus Terwesten, der Verbrugghen gut kannte und häufiger mit ihm zusammenarbeitete. Es ist eine Terwesten zugeschriebene Entwurfszeichnung eines Kaminstücks erhalten, auf der eine steinerne Vase mit Blumen unterhalb eines kassettierten Tonnengewölbes wiedergegeben ist. Genau dieses Motiv finden wir im Kaminstück von Verbrugghen im Schlafzimmer wieder. Wahrscheinlich lässt sich daraus schließen, dass Terwesten die Darstellung entworfen oder sogar die ersten Anfänge mit gemalt hatte, die Ausführung der Blumenmalereien aber dem Spezialisten Verbrugghen überließ. Kaminverkleidung, Vertäfelung und Tür stammen ebenfalls noch aus der Bauzeit.

Zum Schlafzimmer gehört das so genannte Affenkabinett. Es verdankt seinen Namen einem frechen Affen, der auf einer gemalten Brüstung sitzt und seine Hand ausstreckt, um ein paar Trauben zu stehlen. Die wahrscheinlich von Caspar Verbrugghen bemalte Decke bietet einen illusionistischen Durchblick zum Himmel, als ob es sich um eine

Ein Blick in das Herrenzimmer. Die Ausstattung datiert von um 1800.

ment van koning-stadhouder Willem III in Het Loo een bloemschildering aangebracht. Cornelis van Schuylenburch gaf dus opdrachten aan kunstenaars die voor de hoogste kringen werkten. De enscenering van de bloemstukken is waarschijnlijk van Mattheus Terwesten, die Verbrugghen goed kende en wel vaker met hem samenwerkte. Er is een ontwerptekening van een schoorsteenpartij bewaard gebleven, toegeschreven aan Terwesten, waarop als schoorsteenstuk een stenen vaas met bloemen onder een gecassetteerd tongewelf staat aangegeven. Precies dit motief vinden we terug in het schoorsteenstuk van Verbrugghen in de slaapkamer. Dat betekent dus waarschijnlijk dat Terwesten de voorstelling ontwierp of zelfs de eerste aanzetten zelf schilderde, maar de uitvoering van de bloemenschilderingen overliet aan de specialist Verbrugghen. De schoorsteenbetimmering, de lambrisering en de deuren zijn eveneens nog uit de bouwtijd.

Het zogenaamde Apenkabinet hoort bij deze slaapkamer. Het dankt zijn naam aan een brutale aap die op een geschilderde balustrade zit en zijn hand uitstrekt om een paar druiven te gappen. Het plafond – een koof van stucwerk met een middenstuk – biedt een illusionistisch doorkijkje naar de hemel, alsof er een open koepel is aangebracht. Op de balustrade staan weelderige fruitmanden met bloemen versierd. De schildering is waarschijnlijk weer van de hand van Caspar Verbrugghen. De fraaie hoekschoorsteen bevat op de lijst van de spiegel kleine consoles, om plaats te bieden aan vaasjes van Delfts blauw. Het schoorsteenstuk erboven laat een stenen vaas met bloemen van Verbrugghen zien. Naast de vaas zitten een pape-

Een blik in de Herenkamer. Het interieur dateert van rond 1800.

offene Kuppel handeln würde. Auf der Brüstung stehen üppige Obstkörbe, geschmückt mit Blumen. Um den Spiegel des schönen Eckkamins reihen sich kleine Konsolen, die Vasen aus Delfter Blau Platz bieten. Das Kaminstück oberhalb zeigt eine steinerne Vase mit einer Blumendarstellung von Verbrugghen. Neben der Vase sitzen ein Papagei und ein Kakadu. Der Hintergrund sowohl dieses Kaminstücks als auch der beiden Supraporten ist mit Blattgold versehen.

Oberhalb des heutigen Speisesaals befand sich früher ein zum Innenhof gerichtetes Schlafzimmer, das bei der Instandsetzung von 1964–68 nach hinten verlegt wurde, um Platz für ein Treppenhaus zum zweiten Obergeschoss (3. Stock) zu schaffen.

[27] Van Zoest, Van Eck 1988, S. 47.

An der Vorderseite des Hauses liegt das gegenwärtige Arbeitszimmer. Die Stuckdecke von Luraghi ist viel aufwendiger als die in Vestibül und Vorzimmer. Statt geometrischer Formen zeigt das zentrale Feld der Decke eine figürliche Darstellung. Eine von zwei Putten flankierte Frauenfigur auf einem Kubus stellt die Misura dar, das „Maßhalten“. Die Frau lehnt mit ihrer rechten Hand auf einer Wasserwaage, die als Symbol der Balance, des Maßes gilt.[27] In diesem

gaai en een kaketoe. Zowel dit schoorsteenstuk als de beide deurstukken hebben een achtergrond van bladgoud.

Boven de huidige eetzaal, aan de andere zijde van de binnenplaats, bevond zich vroeger een slaapvertrek, dat bij de restauratie van 1964–68 naar achteren werd verlegd om plaats te maken voor een trappenhuis naar de bovenste verdieping.

Aan de voorzijde van het huis bevindt zich de huidige *Werkkamer*. Het stucplafond dat Luraghi hier heeft ontworpen, is heel wat minder eenvoudig dan dat in de vestibule en de antichambre. In plaats van geometrische vormen is het centrale vlak van het plafond voorzien van een figuratieve voorstelling: Een vrouwenfiguur die op een kubus zit en door twee putti wordt geflankeerd, stelt de *Misura* voor, het ‘maat houden‘. De vrouw leunt met haar rechterhand op een waterpas, dat als symbool voor de balans, de maat geldt.[27] In deze ruimte is bovendien een schouw uit het begin van de achttiende eeuw bewaard gebleven. Aardig is dat voor de schouw in de werkkamer nog enkele ontwerpen bestaan. Zowel Luraghi als Mattheus Terwesten hebben Schuylenburch hun ideeën voorgelegd en daarbij bovendien verschillende varianten voor-

[27] Van Zoest, Van Eck 1988, p. 47.

[28] Für eine ausführlichere Beschreibung der Entwurfsskizzen siehe Van Zoest, Van Eck 1988, S. 54–56.

Die Kuppel mit Laterne von Giovanni Battista Luraghi über dem großen Salon (der oberen Halle).

Bauphasenplan des zweiten Stocks des Hauses Schuylenburch mit den heutigen Funktionen.

Raum befindet sich außerdem ein Kamin vom Anfang des 18. Jahrhunderts. Bemerkenswert ist, dass sich für ihn einige Entwürfe erhalten haben. Sowohl Luraghi als auch Mattheus Terwesten hatten Schuylenburch ihre Ideen präsentiert und dabei auch noch unterschiedliche Varianten vorgeschlagen.[28] Der Aufbau der Entwürfe folgte dem französischen Vorbild: ein geschlossener Kamin, darüber ein Spiegel und Raum für eine Bemalung. Das Endergebnis fiel wiederum abweichend aus. Van Schuylenburch soll ein anspruchsvoller Auftraggeber gewesen sein. Ausgeführt wurde ein Kamin, der größte Ähnlichkeiten mit einem Entwurf Luraghis aufweist. Das Kaminstück oberhalb schuf jedoch Mattheus Terwesten. Das Gemälde stellt Amor dar, verkleidet als Ascanius, der Königin Dido Geschenke überreicht. Es ist ein Verweis auf *De Aeneis* von Vergil, der beschreibt, wie Venus Amor beauftragt, Königin Dido in Feuer und Flamme für ihren Sohn Aeneas zu versetzen. Terwesten hat die Arbeit 1720 signiert. Sie ist ein schönes Gegenstück zur Stuckdecke, auf der die Misura dargestellt ist. Es scheint eine Mahnung zu sein, auch in der Liebe Maß zu halten.

Wie die Supraporten dieses Raums sich zum Kaminstück und der Stuckdecke verhalten, ist nicht eindeutig: dargestellt sind zwei sorglose Kinder, links ein Knabe und rechts ein Mädchen, beide von Putten flankiert. Möglicherweise stellen sie

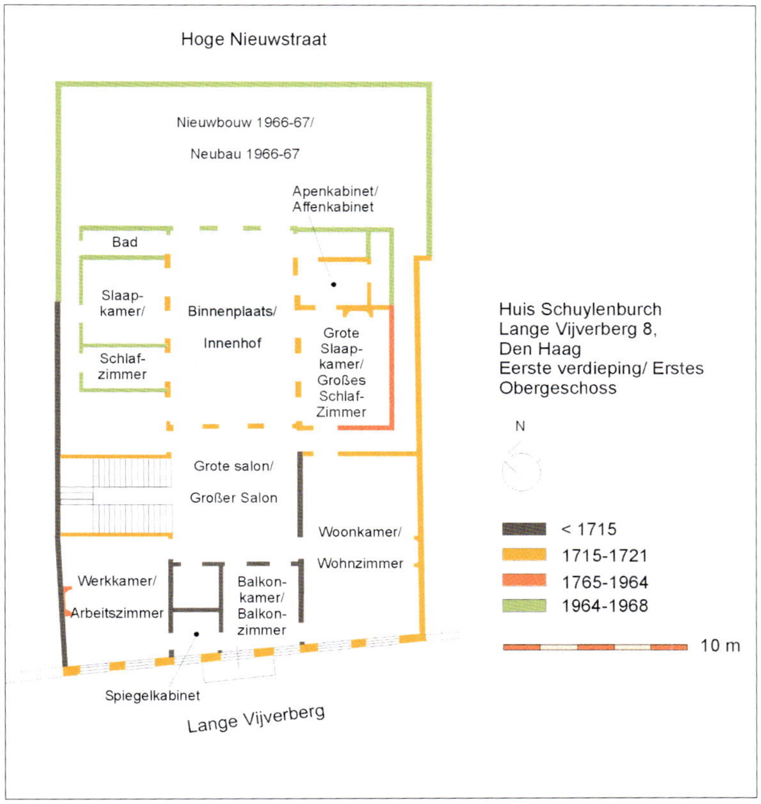

gesteld.[28] De opbouw van de ontwerpen volgt het Franse voorbeeld: een gesloten schouw, met daarboven een spiegel en daar weer boven een vlak voor een schildering. Het uiteindelijke resultaat is nog weer anders geworden. Van Schuylenburch moet als opdrachtgever een veeleisend man zijn geweest. Uitgevoerd is een schouw die het meeste lijkt op een ontwerp van Luraghi. Het schoorsteenstuk erboven is wel van Mattheus Terwesten. De schildering stelt Amor voor, vermomd als Ascanius, die Dido geschenken aanbiedt. Het is een verwijzing naar *De Aeneis* van Vergilius, die beschrijft hoe Venus Cupido opdracht geeft om koningin Dido van Carthago in vuur en vlam te zetten uit liefde voor haar zoon Aeneas. Terwesten heeft het stuk in 1720 gesigneerd. Zijn werkstuk vormt een mooie tegenhanger van het stucplafond waarop de *Misura* is afgebeeld, want het lijkt een vermaning te zijn, dat men ook in de liefde maat moet houden.

Hoe de deurstukken in dit vertrek in verband staan met het schoorsteenstuk en het stucplafond is niet helemaal duidelijk: voorgesteld zijn twee onbezorgde kinderen: links een jongetje en rechts een meisje, beide geflankeerd door twee putti. Mogelijk stellen zij het product van de liefde voor. Tegen de oostelijke wand van de herenkamer hangt een Brussels gobelin uit

De koepel met lantaarn op de grote salon (bovenvestibule) van Giovanni Battista Luraghi.

Gefaseerde plattegrond van de eerste verdieping van Huis Schuylenburch met de huidige functies.

[28] Zie voor een uitgebreidere behandeling van de ontwerpschetsen Van Zoest, Van Eck 1988, pp. 54–56.

Detail der Milde auf der Stuckdecke im Wohnzimmer.

Detail der Vorsicht auf der Stuckdecke im Wohnzimmer.

Detail van de Mildheid op het stucplafond in de woonkamer.

Detail van de Voorzichtigheid op het stucplafond in de woonkamer.

das Produkt der Liebe dar. An der östlichen Wand des Herrenzimmers hängt ein Brüsseler Gobelin aus dem 17. Jahrhundert mit der Darstellung eines Liebespaars.

Im zugehörigen Kabinett führte die Stuckdecke mit ihrer spiegelbesetzten, zierlichen Kuppel zur Bezeichnung „Spiegelkabinett". Zwei Grisaillen auf goldenem Untergrund stellen die Geografie und die Astronomie dar und deuten auf die Interessen des Hausherrn hin. Die Stücke sind mit dem Monogramm ADV signiert. Von demselben Maler stammt auch eine Allegorie auf die Geschichte im zweiten Stock des neuen Treppenhauses (ursprünglich im Spiegelkabinett).

Im Balkonzimmer neben dem Spiegelkabinett befindet sich oberhalb des Kamins aus dem 19. Jahrhundert heute das schon erwähnte Kaminstück mit Amor und Psyche von Terwesten aus der Zeit Van Schuylenburchs. Diese Änderung hängt damit zusammen, dass das Kabinett, das zum Wohnzimmer gehörte, im 19. Jahrhundert dem Balkonzimmer zugeschlagen wurde. Der Raum erhielt einen neuen Kamin und eine neue Ausstattung. Die nun ausgeführten Supraporten stellen eher unbeholfen gemalte Putten dar, während die Herkunft der Deckenbemalung des 18. Jahrhunderts ungeklärt ist.

Supraporte mit Hirtenszene von Jan van Gool im Wohnzimmer.

Deurstuk met veescène van Jan van Gool in de woonkamer.

de zeventiende eeuw met de voorstelling van een liefdespaar.

Het bijbehorende kabinet is van een stucplafond voorzien waarin een sierlijk koepeltje met spiegels is bezet, vandaar de benaming 'spiegelkabinet'. Twee grisailles op goudgrond geschilderd stellen de geografie en de astronomie voor en wijzen op de interessen van de huisheer. De stukken zijn voorzien van het monogram ADV. Van dezelfde schilder is ook de allegorie op de geschiedenis, in het nieuwe trappenhuis op de eerste verdieping, dat oorspronkelijk uit het spiegelkabinet afkomstig is.

In de balkonkamer naast het spiegelkabinet bevindt zich het al genoemde schoorsteenstuk met Amor en Psyche van Terwesten boven de schoorsteen uit de negentiende eeuw. Deze verandering heeft ermee te maken dat het kabinet dat bij de woonkamer hoorde in de negentiende eeuw bij de balkonkamer is gevoegd. De ruimte kreeg een nieuwe schouw en werd opnieuw gedecoreerd. De deurstukken stellen nogal onbeholpen geschilderde putti voor, terwijl de herkomst van de achttiende-eeuwse plafondschildering onbekend is.

Im dritten Stock befinden sich heute die beiden wichtigsten Gästezimmer. Hier blieb die bauzeitliche Ausstattung umfänglich bewahrt, wie die schon erwähnte Alkovenvertäfelung des 17. Jahrhunderts im Großen Gästezimmer zeigt. In diesem Raum findet sich ein Kamin aus dem 18. Jahrhundert mit Spiegel und Kaminstück von Verbrugghen, das ein Blumenstillleben darstellt. Das Kleine Gästezimmer verfügt ebenfalls über eine Alkovenvertäfelung, allerdings nicht mehr an ihrer ursprünglichen Stelle. Der Kamin in diesem Raum – dessen mittleres Feld in gleicher Weise gestaltet ist wie die Tür des heutigen Speisesaals – stammt wahrscheinlich aus einem anderen Raum des Hauses.[29]

[29] Canneman 1968, S. 46–47.

Kaminstück und Blumenstilleben von Caspar Pieter Verbrugghen II. im großen Schlafzimmer.

Op de tweede verdieping bevinden zich tegenwoordig de twee belangrijkste logeervertrekken. De oude decoratie is hier tamelijk goed bewaard gebleven, zoals de al genoemde alkoofbetimmering uit de zeventiende eeuw in de grote logeerkamer. In deze ruimte bevindt zich een achttiende-eeuwse schouw met spiegel en schoorsteenstuk van Verbrugghen, dat een bloemstilleven voorstelt. De kleinere logeerkamer beschikt eveneens over een alkoofbetimmering, die echter niet meer op zijn oorspronkelijke plaats zit. De schouw in deze ruimte – waarvan de middenpanelen op dezelfde wijze zijn gedecoreerd als de deuren van de huidige eetzaal – is waarschijnlijk uit een andere ruimte in het huis afkomstig.[29]

Schoorsteenstuk in de grote slaapkamer, geschilderd door Caspar Pieter Verbrugghen II.

Bloemschildering van Caspar Pieter Verbrugghen II in de grote slaapkamer.

[29] Canneman 1968, p. 46–47.

Entwurf für ein Kaminstück von Mattheus Terwesten, ausgeführt im großen Schlafzimmer.

Ontwerp voor een schoorsteenstuk van Mattheus Terwesten, uitgevoerd in de grote slaapkamer.

Spätere Entwicklungen

Cornelis van Schuylenburch war ein langes Leben beschieden. 1756 plante er noch einen Umbau im Hinterhaus, dessen Ausführung jedoch nicht gesichert ist. Erst 1763 starb er achtzigjährig, sodass er fast fünfzig Jahre seine Investitionen genießen konnte. Das Haus am Lange Vijverberg erbten seine Söhne, die um 1765 einige Modernisierungen der Ausstattung durchführen ließen. Im Grünen Salon wurde eine neue Wandbespannung mit Umrahmung angebracht und im benachbarten Kabinett ein neuer Kamin. Einige Jahre später erfuhr das im zweiten Stock gelegene, zum Innenhof gerichtete östliche Schlafzimmer eine durchgreifende Umgestaltung durch die Abtrennung eines nach hinten führenden Flurs.

Die Familie van Schuylenburch hielt das Haus in ihrem Eigentum, bis es 1888 vom deutschen Staat gekauft wurde. Außer den am Anfang dieses Kapitels erwähnten Änderungen wurden verschiedene Räume neu ausstaffiert und erhielten neue Wandbespannungen. Auch wurden neue Möbel angekauft.[30] Ab 1940 nutzte der Stab des Reichskommissars

[30] Archiv Rijksdienst voor de Monumentenzorg (RDMZ) in Zeist, Niederlande. *'s-Gravenhage (ZH).* D. Duitse Ambassade „Schuylenburg". Lange Vijverberg 8/ Hoge Nieuwstraat 8 en 13 [1932–1992], Korrespondenz 11. Januar 1952.

Detail des Deckengemäldes im Affenkabinett von Caspar Pieter Verbrugghen.

Der Eckkamin im Affenkabinett.

Gedeelte van het door Caspar Pieter Verbrugghen beschilderde plafond van het Apekabinet.

De hoekschoorsteen in het Apenkabinet.

[30] Archief van de Rijksdienst voor de Monumentenzorg (RDMZ) te Zeist. *'s-Gravenhage (ZH).* D. Duitse Ambassade "Schuylenburg". Lange Vijverberg 8/ Hoge Nieuwstraat 8 en 13 [1932–1992], correspondentie 11 januari 1952.

Latere ontwikkelingen

Cornelis van Schuylenburch was een lang leven beschoren. In 1756 maakte hij nog plannen voor enkele veranderingen in het achterhuis. Hij stierf pas in 1763, tachtig jaar oud, zodat hij bijna vijftig jaar van zijn investeringen heeft kunnen genieten. Zijn zoons erfden het huis aan de Lange Vijverberg en rond 1765 vonden er enkele moderniseringen in het interieur plaats. In de Groene Salon werd een nieuwe wandbespanning met omlijsting aangebracht, in het aangrenzende kabinet een nieuwe schoorsteen geplaatst en de oostelijke slaapkamer aan de binnenplaats op de eerste verdieping onderging een aantal jaren later ingrijpende veranderingen door het aanbrengen van een nieuwe gang naar achteren.

De familie Van Schuylenburch hield het huis in haar bezit totdat het in 1888 aan de Duitse staat werd verkocht. Behalve de aan het begin van dit hoofdstuk genoemde veranderingen werden verschillende ruimtes nieuw gestoffeerd en van een zijden wandbespanning voorzien. Ook kwamen er nieuwe meubels.[30] In 1940 werd het huis door de staf van de rijkscommissaris in gebruik genomen. Direct na het einde van de Tweede Wereldoorlog ging het huis plaats bieden das Haus, direkt nach dem Ende des Zweiten Weltkriegs übernahm es das niederländische Marineministerium. Es diente als Sitz des Ministers sowie des Befehlshabenden der Seestreitkräfte und dessen Stab. Im Juli 1945 ließ die Kommission für Beratung zur Reorganisation der niederländischen Museen den Minister für Bildung, Kunst und Wissenschaften wissen, dass diese Funktion für die in diesem Moment noch immer gut erhaltene Ausstattung eine große Bedrohung bilde. Deswegen plädierte die Kommission für eine Umnutzung, wobei dem Charakter des Gebäudes besser Rechnung getragen werden solle. Dabei dachte sie an eine Museumsfunktion, was aber nicht umgesetzt werden konnte.[31] Das Marineministerium blieb noch lange Zeit am Lange Vijverberg.

Sieben Jahre später, im Januar 1952, schrieb der damalige Direktor des Rijksbureaus für Denkmalpflege, Jonkheer Dr. E. O. M. van Nispen tot Sevenaer, in einem Memoran-

[31] Archiv RDMZ, ebd., Korrespondenz 5. Juli 1945.
[32] Archiv RDMZ, ebd., Korrespondenz 11. Januar 1952.

Entwurf für den Kamin im Arbeitszimmer, von Terwesten.

Entwurf für den Kamin im Arbeitszimmer, von Luraghi.

Der ausgeführte Kamin im Arbeitszimmer mit der Darstellung des Amor und Dido, von Mattheus Terwesten.

Ontwerp voor de schouw in de werkkamer door Terwesten.

Ontwerp voor de schouw in de werkkamer door Luraghi.

De uitgevoerde schouw in de werkkamer met de voorstelling van Amor en Dido door Mattheus Terwesten.

[31] Archief RDMZ, idem, correspondentie 5 juli 1945.
[32] Archief RDMZ, idem, correspondentie 11 januari 1952.

aan het Nederlandse Ministerie van Marine. Het was de zetel van de Minister en van de Bevelhebbende der Zeestrijdkrachten met zijn staf. In juli 1945 echter liet de commissie van advies inzake de reorganisatie der Nederlandsche musea aan de minister van Onderwijs, Kunsten en Wetenschap weten dat deze functie een grote bedreiging vormde voor het op dat moment nog goed behouden interieur. Daarom pleitte de commissie ervoor dat het gebouw een bestemming zou krijgen die beter rekening hield met het karakter van het gebouw. Zij dacht daarbij aan een museumsfunctie.[31] Daar kwam echter niets van terecht. Het Ministerie van Marine bleef nog geruime tijd aan de Lange Vijverberg.

Zeven jaar later, in januari 1952, schreef de toenmalige directeur van het Rijksbureau voor de Monumentenzorg, Jhr. dr. E.O.M. van Nispen tot Sevenaer, in een memorandum dat het

dum, es bedürfe keiner weiteren Erläuterung, „dass es für diesen Zweck als Bürogebäude wenig geeignet ist und dass durch die sehr intensive Nutzung die so empfindliche Ausstattung des 18. Jahrhunderts viel zu leiden habe, was in dem schäbigen Eindruck, den es momentan bei den Besuchern hinterlässt, zum Ausdruck komme."[32] Die reichen Louis-XIV-Dekorationen in Vestibül, Flur, Treppenhaus und großem Salon des ersten Obergeschosses waren „nicht vorzeigbar schmutzig" und die vielen, später aufgebrachten Weißschichten hatten bewirkt, dass die ursprünglichen Stuckarbeiten nur noch ein schwacher Abglanz der einstigen Pracht waren. Auch hatten einige Stuckdecken Löcher, obwohl der konstruktive Erhaltungszustand noch immer gut war.

Nach dem Krieg waren, mit wenig Gefühl für historische Werte, im ganzen Gebäude die Stromleitungen erneuert worden. Andere wunde Punkte waren abblätternde Farbschichten und Vergoldungen, morsche Vertäfelungen im Roten Salon (heute Grüner Salon), Zerrüttung des Marmorkamins sowie die Gemälde, die dringend gereinigt werden mussten. Zum Schluss meldete Van Nispen tot Sevenaer: „Das zweite Obergeschoss des Hauptgebäudes und der Dachboden der

geen betoog behoefde "dat het voor deze bestemming als kantoor gebouw weinig geschikt is en dat door het zeer intensieve gebruik de zo kwetsbare 18e eeuwsche inrichting veel te lijden heeft, hetgeen tot uitdrukking komt door de sjofele indruk die het momenteel op de bezoekers maakt."[32] De rijke Lodewijk XIV-stucdecoraties in de vestibule, de gang, het trappenhuis en de hal op de eerste verdieping waren "ontoonbaar vuil" en de vele naderhand opgebrachte lagen witsel hadden ervoor gezorgd dat het oorspronkelijke decoratiewerk nog slechts een afspiegeling was van wat het ooit was geweest. In sommige stucplafonds zaten gaten, al was de constructieve toestand nog steeds goed.

Na de oorlog waren met weinig gevoel voor historische waarden in het hele gebouw de elektrische leidingen vernieuwd. Andere pijnpunten waren afbladderend verf- en verguldwerk, vermolmde betimmeringen in de rode zaal (thans Groene Salon), ontzetting van de marmeren schoorsteenmantel en de schilderingen die nodig aan een schoonmaakbeurt toe waren. Tenslotte meldde Van Nispen tot Sevenaer: "De tweede verdieping van het hoofdgebouw en de zolder van de vleugels zijn verdeeld in een groot aan-

Seitentrakte sind in eine Anzahl winkliger Zimmerchen unterteilt worden, die mit vereinzelten Ausnahmen nichts Besonderes aufzeigen. Durch diese später eingebauten Zimmer sind die Dachstühle teilweise verdorben […].“

1953 war die Rede davon, dass das Haus verkauft werden solle, aber so weit kam es schließlich nicht.[33] Anfang der 1960er Jahre wurde das Haus in die Denkmalliste eingetragen.[34] Noch immer nutzte es das Verteidigungsministerium, aber die Räumung des Gebäudes stand jetzt fest. Inzwischen war der Balkon oberhalb des Haupteingangs aus Sicherheitsgründen abgerissen worden. Auch hatte man kurz zuvor an der Fassade das absturzgefährdete Natursteinwerk oberhalb des Gesimses demontiert und eingelagert, was für den Staatssekretär für Bildung, Kunst und Wissenschaften ein Grund war, dem Verteidigungsministerium einen erbosten Brief zu schicken.[35]

Zu dieser Zeit nahmen neue Pläne sehr rasch konkrete Formen an: Dank des wieder stark verbesserten Verhältnisses zwischen beiden Ländern wurde im deutsch-niederländischen Ausgleichsvertrag von 1960 entschieden, dass das Haus wieder in deutsche Hände übergehen sollte. Durch den Auszug des Ministeriums ergab sich zugleich die Möglichkeit einer Restaurierung des Hauses. Das Ministerium war nicht mehr bereit gewesen, Geld für das Gebäude auszugeben. Die Lasten – letztendlich etwa 3,5 Millionen DM – sollten jetzt also vom deutschen Staat übernommen werden.[36]

So kam es tatsächlich. Die Reichskommission für Denkmalpflege beriet sich am 9. Dezember 1963 über einen durch die Bundesbaudirektion in Berlin vorgelegten Plan, der nach Ansicht der Kommission zu weit in die Bausubstanz eingriff und darüber hin-

[33] Archiv RDMZ, ebd., Korrespondenz 22. Januar 1953.
[34] Archiv RDMZ, ebd., Korrespondenz 18. Januar 1960.
[35] Archiv RDMZ, ebd., Korrespondenz 18. Januar und 15. März 1960. Der Staatssekretär bat um Kooperation des Ministeriums in Fällen, in denen die Verwaltung monumentaler Bauten des Verteidigungsministeriums nicht vom ‚Rijksgebouwendienst‘ [vergleichbar mit dem Bundesamt für Bauwesen und Raumordnung], sondern von der Genie (= Pioniertruppe) geführt wurde.
[36] Archiv RDMZ, ebd., Korrespondenz 1. Februar und 14. März 1960.

Das Spiegelkabinett neben dem Arbeitszimmer.

tal hokkerige kamertjes, welke op een enkele uitzondering na niets bijzonders vertonen. Door deze later gebouwde kamers zijn de bekappingen van de vleugels gedeeltelijk verknoeid […].”

In 1953 was er sprake van dat het pand zou worden verkocht, maar dit gebeurde uiteindelijk niet.[33] Begin jaren zestig werd het huis opgenomen op de monumentenlijst.[34] Nog steeds was het gebouw in gebruik van het Ministerie van Defensie, maar de ontruiming ervan stond nu vast. Inmiddels was enkele jaren daarvoor het balkon boven de hoofdingang gesloopt, vanwege de gevaarlijke toestand waarin het verkeerde. Ook was kort ervoor het natuursteenwerk boven de gootlijst aan de voorgevel om dezelfde reden gedemonteerd en elders opgeslagen, wat voor de Staatssecretaris van Onderwijs, Kunst en Wetenschappen aanleiding vormde een verbolgen brief aan de Minister van Defensie te sturen.[35]

Op dat moment kwamen de zaken echter in een stroomversnelling: dankzij de sterk verbeterde verhoudingen die alweer snel tussen de beide landen ontstonden, werd in een uitwisselingsverdrag van 1960 besloten dat het huis weer in Duitse handen zou komen. Door het vertrek van het Ministerie was tevens de mogelijkheid geschapen om het pand te restaureren. Het Ministerie was niet meer bereid geweest om geld aan het gebouw uit te geven. De lasten – uiteindelijk zo’n 3,5 miljoen DM – daarvan zouden nu dus door de Duitse staat moeten worden gedragen.[36]

Dat gebeurde inderdaad. De Rijkscommissie voor de Monumentenzorg vergaderde op 9 december 1963 over een ingekomen plan van de Bundesbaudirektion te Berlijn, die wat de

Het spiegelkabinet naast de werkkamer.

[33] Archief RDMZ, idem, correspondentie 22 januari 1953.
[34] Archief RDMZ, idem, correspondentie 18 januari 1960.
[35] Archief RDMZ, idem, correspondentie 18 januari en 15 maart 1960. De staatssecretaris verzocht om medewerking van het ministerie in gevallen waar het beheer van monumentale defensiegebouwen niet door de Rijksgebouwendienst, maar door de Genie werd gevoerd.
[36] Archief RDMZ, idem, correspondentie 1 februari en 14 maart 1960.

aus die Ausstattung nicht ausreichend schonte. Die Kommission hatte keine Bedenken bei der Verwirklichung eines großen Raumes hinter dem Vestibül, die mit einer Umsetzung des Kamins verbunden war. Gegen einige andere Maßnahmen wehrte sie sich aber.[37] Schließlich kam man zu einer Einigung und konnte mit der Restaurierung beginnen. Hierbei ging es nicht nur um die Behebung der Schäden, die im Laufe der Jahre an der Ausstattung entstanden waren, sondern auch um die Anpassung des Gebäudes an die neue Nutzung. Das Haus sollte sowohl als Residenz des Botschafters geeignet sein als auch Gästen und offiziellen Empfängen Platz bieten. Ein anderer Punkt betraf die sanitären Anlagen. So war zum Beispiel im ganzen Haus kein einziges Badezimmer zu finden, das den üblichen Hygieneansprüchen genügte.

[37] Archiv RDMZ, ebd., Korrespondenz 9. Dezember und 23. Dezember 1963.

Bei der gründlichen Säuberung der Fassade des Hauses wurde eine Schicht Ölfarbe von einem Zentimeter Stärke, die hier im Lauf der Zeit aufgebracht worden war, entfernt. Die Sandsteinfassade trug man bis auf zum ersten Obergeschoss ab und baute sie neu auf, um das Problem der Setzungen und durchgerosteten Verankerungen zu lösen. In diesem Zusammenhang kam es zur Rekonstruktion des in den 1950er Jahren verschwundenen Balkons. Außerdem hatte einsickerndes Regenwasser zwischen der Mauer und der Sandsteinverkleidung der Fassade zu Schwammbefall aller Streichbalken und Balkenenden in der Fassadenmauer geführt. Während

commissie betrof een nogal ingrijpend plan had ingediend, waarbij het interieur niet voldoende werd ontzien. De commissie had geen bezwaar tegen de te maken grote ruimte achter de vestibule, waarbij de schoorsteen verplaatst moest worden, maar tegen enkele andere maatregelen verzette zij zich.[37] Toch kwam men uiteindelijk tot overeenstemming en kon de restauratie beginnen. Hierbij ging het niet alleen om het herstellen van de schade die in de loop der jaren aan het interieur was ontstaan. Tevens moest de functie van het gebouw worden aangepast aan het nieuwe programma van eisen. Het huis moest geschikt worden gemaakt als woning voor de ambassadeur, maar tevens plaats kunnen bieden aan gasten en officiële ontvangsten. Een ander punt betrof de hygiënische toestand van het huis. Zo was er bijvoorbeeld in het hele gebouw geen enkele behoorlijke badkamer te vinden.

De gevel van het huis werd grondig schoongemaakt. Een laag olieverf van een centimeter dik, die in de loop der tijd was aangebracht, werd verwijderd. Daarna werd de zandstenen gevel tot op de eerste verdieping afgebroken en weer opnieuw opgebouwd, om het probleem van verzakking en doorgeroeste verankeringen te verhelpen. Het balkon werd gereconstrueerd. Door regenwater dat tussen de muren en de zandsteenbekleding van de gevel was doorgedrongen waren bovendien bijna alle strijkbalken

[37] Archief RDMZ, idem, correspondentie 9 december en 23 december 1963.

des Austauschens der Balken mussten im Inneren die wertvollen Stuckdecken gesichert bzw. abgestützt werden.[38] Die Empirefenster wurden entfernt und die „ursprüngliche“ Fensterform mit kleineren Sprossenunterteilungen rekonstruiert.

Alle alten technischen Installationen wurden ersetzt, dabei Vertäfelungen entfernt und Fußböden aufgebrochen. In die Ausstattung wurde ebenfalls eingegriffen. Bei der Restaurierung der Stuckdecken ergänzte man fehlende Elemente und befreite die Decken und Wände von vielen Weißschichten. Einige Decken erhielten eine neue Verankerung. Im Vestibül wurde an der Westseite eine halbkreisförmige Treppe nach unten angebracht, um so die Gäste zu den Garderoben im Souterrain leiten zu können. Hier wurden außerdem die gerissenen Gewölbe abgetragen und neu aufgemauert sowie Verbesserungen an den Fundamenten durchgeführt. Natursteinfußböden erhielten neue Marmorbeläge und auch Parkettböden wurden ersetzt.

[38] Lehmann, K. H., „Verbouwing en restauratie/ Umbau und Restaurierung“, in: Knoke, K. H., Canneman, H. E., Lehmann, K. H., *Het Huis Schuylenburch te 's-Gravenhage. Ein kunsthistorisches Juwel und seine Geschichte als deutsche diplomatische Vertretung in den Niederlanden. Festschrift zur Einweihung am 6. Juni 1968,* 's-Gravenhage 1968, S. 50-69, S. 52-55.

Kamin im Großen Gästezimmer im dritten Stock.

Kaminstück im Kleinen Gästezimmer im dritten Stock.

Schouw in de grote logeerkamer op de tweede verdieping.

Schoorsteenstuk in de kleine logeerkamer op de tweede verdieping.

en balkkoppen in de gevelmuren door zwam aangetast. Zij werden vervangen, terwijl de kostbare plafonds ondertussen moesten worden gestut.[38] De empire vensters werden verwijderd en de 'oorspronkelijke' vensters met een fijne roedeverdeling gereconstrueerd.

In het interieur werd eveneens ingegrepen: alle oude technische installaties werden vervangen, waarvoor betimmeringen werden weggehaald en vloeren werden opengebroken. De stucplafonds moesten worden gerestaureerd: ontbrekende elementen werden aangevuld en de plafonds en wanden werden van vele lagen witsel ontdaan. Sommige plafonds kregen een nieuwe verankering. In de vestibule werd aan de westzijde een halfronde trap naar het onderhuis gemaakt, om zodoende de gasten naar de garderobes te kunnen leiden, die in het souterrain werden gemaakt. Hier werden bovendien de gescheurde gewelven gesloopt en nieuw opgebouwd en

[38] Lehmann, K.H., "Verbouwing en restauratie/ Umbau und Restaurierung", in: Knoke, K.H., Canneman, H.E., Lehmann, K.H., *Het Huis Schuylenburch te 's-Gravenhage. Ein kunsthistorisches Juwel und seine Geschichte als deutsche diplomatische Vertretung in den Niederlanden. Festschrift zur Einweihung am 6. Juni 1968,* 's-Gravenhage 1968, pp. 50-69, pp. 52-55.

Das Vorzimmer hinter dem Vestibül wurde komplett entfernt und zum Flur hinzugefügt, sodass ein für große Empfänge geeignetes Foyer entstand. Von hier aus erreicht man die beiden Prunkgemächer auf der rechten und den großen Speisesaal auf der linken Seite, den man in einem „ganz unwichtigen Raum“ realisierte. Für diesen Speisesaal sind die Vertäfelung und die Decke des abzureißenden Vorzimmers hinter dem Vestibül verwendet worden. Der Rijksdienst voor de Monumentenzorg drängte zwar auf den Erhalt so viel historischer Bausubstanz wie möglich, dennoch waren die ausgeführten Maßnahmen einschneidend.[39]

Im ersten Obergeschoss und darüber mussten Probleme konstruktiver Natur gelöst werden. Van Schuylenburch war bei der Verwirklichung seiner Pläne gezwungen gewesen, Mauern auf Deckenbalken zu stützen – in bautechnischer Hinsicht eine problematische Lösung. Um die Balken einigermaßen zu entlasten, hatte man die Mauern an die Dachkonstruktion „gehängt“, was im Laufe der Jahre unweigerlich zu Rissbildung und Setzungen geführt hatte.

[39] Archiv RDMZ, ebd., Korrespondenz 12. Januar 1965.

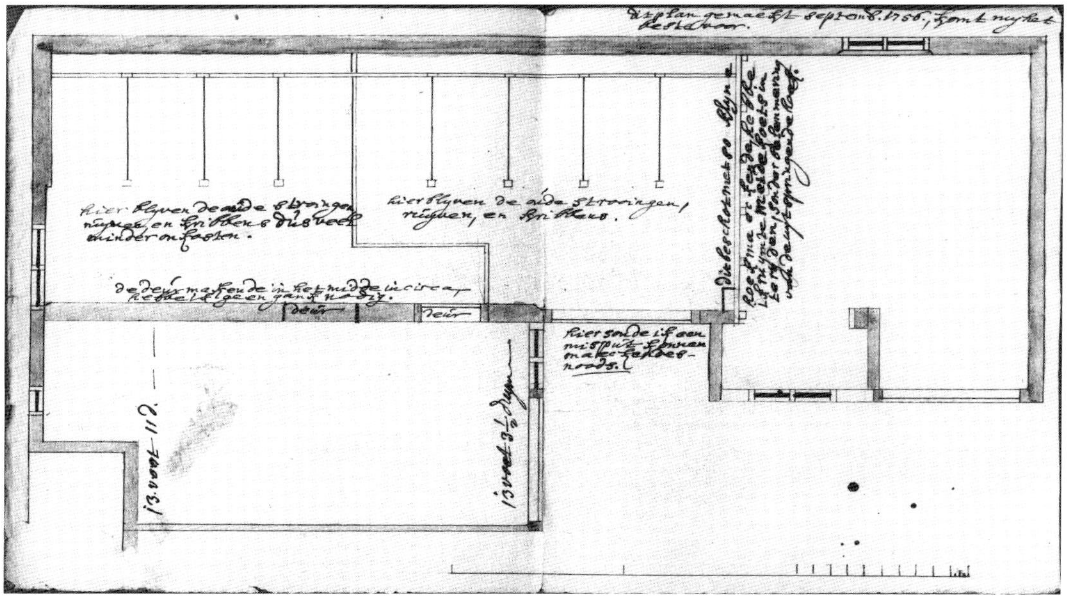

Umbauplan 1756.

Verbouwingsplan uit 1756.

[39] Archief RDMZ, idem, correspondentie 12 januari 1965.

verbeteringen aan de funderingen uitgevoerd. Natuurstenen vloeren kregen nieuw marmer en ook parketvloeren werden vervangen.

De antichambre achter de vestibule werd volledig uitgebroken en bij de gang betrokken zodat een hal ontstond die voor grote ontvangsten geschikt was. Van hieruit bereikt men de beide staatsievertrekken aan de rechterzijde en de grote eetzaal aan de linkerzijde. Deze laatste zou worden gerealiseerd in een 'geheel onbelangrijke ruimte'. Voor deze eetzaal zouden de betimmering en het plafond gebruikt moeten worden van de te slopen kamer achter de vestibule, de antichambre. De Rijksdienst voor de Monumentenzorg drong aan op het behoud van zoveel mogelijk historische bouwsubstantie, maar de voorgenomen plannen waren desalniettemin ingrijpend.[39]

Op de eerste verdieping en hoger werden problemen van constructieve aard opgelost. Van Schuylenburch had zich bij het realiseren van zijn plannen genoodzaakt gezien muren op pla-

Die vielen Gemälde im Haus wurden gereinigt und restauriert. Das noch vorhandene Empiremobiliar wurde wieder verwendet. Für die weitere Ausstattung entschied man sich, passende Möbel zu suchen, um das Gebäude gänzlich nach historischem Vorbild einzurichten. Neue Wandverkleidungen, Teppiche und Fensterausstattungen komplettierten dieses Bild.[40] Obwohl viele Details aus der Bauzeit um 1715 erhalten geblieben sind, zeigt infolge der Veränderungen im Grunde genommen kein einziger Raum mehr den Zustand von vor etwa dreihundert Jahren.

In einem neuen Dienstgebäude „mit viel Licht und Luft“ brachte man die vorher im dunklen Souterrain befindliche Küche unter. Sie ist direkt vom Speisesaal aus zu erreichen. Ein Fahrstuhl führt in den Vorratskeller. Der Neubau beherbergt außerdem eine Garage, ein Kesselhaus, die Abluftanlage und den Schaltkasten. Die dem Innenhof zugewandte Fassade des Neubaus ist durch historisierende Formen dem Hauptgebäude angeglichen, sonst erhielt er ein modernes Aussehen. Im April 1968 waren die Baumaßnahmen abgeschlossen, und am 6. Juni 1968 konnte das Gebäude festlich seiner neuen Nutzung übergeben werden.

[40] Siehe ausführlicher Lehmann 1968.

fondbalken te zetten, in bouwkundig opzicht een onmogelijke toestand. Om de balken enigszins te ontlasten had men de muren aan de kapconstructie ‘gehangen’, maar in de loop der jaren had dit tot onvermijdelijke scheurvorming en verzakkingen geleid.

De vele schilderijen die het gebouw rijk was werden schoongemaakt en gerestaureerd. Het nog aanwezige Empiremeubilair werd hergebruikt en voor het overige werd besloten passende meubels te zoeken om het gebouw in zijn geheel in historische stijl in te richten. Nieuwe wandbekleding, tapijten en stoffering van de ramen completeerden dit beeld.[40] Hoewel nog veel details uit de bouwtijd rond 1715 behouden zijn, is in feite geen enkel interieur nog in de staat van ongeveer driehonderd jaar geleden.

Een nieuw dienstgebouw, ‘met veel licht en lucht’ ging plaats bieden aan de keuken, die voorheen in het donkere souterrain was gelegen. De nieuwe keuken is direct vanuit de eetzaal te bereiken. Een lift leidt naar de voorraadkelders. In de nieuwbouw werden bovendien een garage, het ketelhuis, de luchtregelingsinstallatie en schakelkasten aangebracht. Het deel dat aansluit op de binnenplaats is in historiserende vormen aangepast aan het hoofdgebouw. Voor het overige kreeg de nieuwbouw een modern uiterlijk. In april 1968 kon het gebouw worden opgeleverd en op 6 juni 1968 werd het feestelijk in gebruik genomen.

[40] Zie uitgebreider Lehmann 1968.

Aspekte der Renovierung

EIN KLEINES MUSEUM

TILL BERMBACH

EEN KLEIN MUSEUM

enkele aspecten van de renovatie

Nach der Rückgabe des Huis Schuylenburch aufgrund des deutsch-niederländischen Ausgleichsvertrages an die Bundesrepublik Deutschland Anfang der 1960er Jahre wurde es von 1964 bis 1968 durch die damalige Bundesbaudirektion grundlegend saniert. In diesem Zusammenhang erfuhr das Gebäude eine teilweise Umgestaltung, um es an die Erfordernisse einer modernen Residenz des deutschen Botschafters anzupassen.[1] So entfernte man u.a. das Vorzimmer vor dem grünen und dem gelben Salon und schuf auf diese Weise eine großzügige, zum Innenhof orientierte Halle. Im Vestibül wurde eine Freitreppe eingebaut, die einen repräsentativen Zugang zu den neu geschaffenen Garderoben- und Toilettenanlagen im Untergeschoss herstellt. Die bisherige dreiflügelige Hofanlage bekam einen modernen Ergänzungsanbau an der Hoge Nieuwstraat. Dieser sehr zurückhaltend in der Art des vorhandenen Gebäudekomplexes gestaltete Neubau schließt den Innenhof nach Norden ab und nimmt wesentliche Teile der neu eingebauten Haustechnik, wie Klima- und Heizzentrale, die Residenzküche und eine Hausmeisterwohnung auf. Bereits im Rahmen dieser Sanierungsmaßnahme wurde das Gebäude aus konservatorischen Gründen im Erdgeschoss mit einer Teilklimatisierung ausgerüstet.

Nach nunmehr dreißigjähriger Nutzung ergab sich in den 90er Jahren erneuter Sanierungsbedarf. Das Bundesamt für Bauwesen und Raumordnung (BBR) stellte 1999 die Bauunterlage mit einem Gesamtvolumen von ca. 3 Millionen Euro auf. Die geplanten Sanierungsmaßnahmen umfassten insbesondere:

Erneuerung der Wandbespannungen und Vergoldungen, Aufarbeiten der Holzvertäfelung und der Parkettböden, Entfernung der Farbschichten auf den Stuckaturen und

[1] Die Bundesbaudirektion und die Bundesanstalt für Landeskunde und Raumordnung wurden 1998 zum Bundesamt für Bauwesen und Raumordnung (BBR) vereinigt

Nadat het Huis Schuylenburg in het begin van de jaren ’60 op grond van het Nederlands-Duitse *Ausgleichsvertrag* was teruggegeven aan de Bondsrepubliek Duitsland werd het tussen 1964 en 1968 door de toenmalige *Bundesbaudirektion* zeer grondig gesaneerd. Het gebouw onderging in dit verband een gedeeltelijke herindeling, om het aan de eisen die aan een moderne residentie van de Duitse ambassadeur worden gesteld, te laten voldoen.[1] Zo werd o.a. het voorvertrek van de Groene en de Gele Salon weggebroken zodat er een royale hal ontstond die uitkomt op de binnenplaats. Voorts werd er in de vestibule een trap naar het souterrain gebouwd, die een representatieve toegang tot de nieuwe garderobes en toiletruimten vormt. Bovendien kreeg het tot dan toe uit drie vleugels bestaande pand een moderne aanbouw aan de Hoge Nieuwstraat. Deze nieuwbouw, zeer onopvallend opgezet in de stijl van het reeds bestaande gedeelte, huisvest het grootste deel van de nieuw aangelegde technische voorzieningen, zoals de airconditioning en de verwarmingsinstallatie, de keuken van de residentie en de woning van de conciërge en sluit de binnenplaats naar het noorden toe af. Het gebouw werd bij deze renovatie, met het oog op de conservering, al gedeeltelijk voorzien van een airconditioningssysteem op de begane grond.

Nadat het aldus gerenoveerde pand meer dan dertig jaar in gebruik was geweest bleek in de jaren ’90 dat er opnieuw renovatie nodig was. Het *Bundesamt für Bauwesen und Raumordnung* (BBR) stelde in 1999 een bestek op met een totale omvang van ongeveer drie miljoen euro. De geplande renovatiewerkzaamheden omvatten o.a.: de vernieuwing van de wandbekle-

[1] De *Bundesbaudirektion* en de *Bundesanstalt für Landeskunde und Raumordnung* zijn in 1998 gefuseerd tot het *Bundesamt für Bauwesen und Raumordnung* (BBR).

deren Neuanstrich, Reinigungs- und Restaurierungsarbeiten an der Sandsteinfassade, Trockenlegung eines Teils des Kellermauerwerks, Restaurierung der Deckengemälde, Neugestaltung des Garderobenbereichs und der Sanitärräume im Untergeschoss sowie Teilerneuerung der haustechnischen Anlagen. Daneben waren auch Maßnahmen des vorbeugenden Brandschutzes, die Erneuerung sämtlicher Gardinen- und Vorhangstoffe sowie die Restaurierung aller fest eingebauten und losen Einrichtungsgegenstände in die Maßnahme einbegriffen.

Mit der Planung, Ausschreibung und Bauleitung der Baumaßnahme beauftragte das BBR das Architektenatelier Willem Steenvoorden aus Boskoop, das neben umfangreichen Erfahrungen in der Sanierung von denkmalgeschützten Gebäuden auch über die in den Niederlanden notwendige Zulassung zur Sanierung solch herausragender Baudenkmäler verfügt. Für die Planung der Haustechnik zeichnet das Büro Nieuwenburg Adviseurs aus Rijswijk verantwortlich. Die gesamten Planungen für die Restaurierungs- und Sanierungsmaßnahmen fanden in enger Abstimmung mit dem Rijksdienst voor de Monumentenzorg in Zeist, der staatlichen niederländischen Denkmalbehörde, statt. Für restauratorische Detailfragen, insbesondere im Bereich der Restaurierung der Gemälde und Stuckaturen, schaltete das BBR darüber hinaus das Rheinische Amt für Denkmalpflege in Pulheim aufgrund seiner langjährigen Erfahrungen in der Restaurierung der Schlösser im Rheinland ein.

Nach einem öffentlichen Teilnahmewettbewerb, in dem die Bieter insbesondere den Nachweis zu erbringen hatten, dass sie bereits Restaurierungsarbeiten an vergleichba-

ding en de verguldsels, het opknappen van de houten lambrisering en de parketvloeren, het verwijderen van oude verflagen van het stucwerk en dit opnieuw schilderen, schoonmaak en restauratie van de zandsteengevel, droogmaken van een deel van het metselwerk in de kelder, restauratie van de plafondschilderingen, reconstructie van de garderobes en de sanitaire ruimten in het souterrain en gedeeltelijke vernieuwing van de technische installaties. Daarnaast waren ook maatregelen m.b.t. brandpreventie, de vernieuwing van vitrages en gordijnen en de restauratie van zowel vast ingebouwde als losstaande inrichtingsstukken bij het plan inbegrepen.

Het BBR gaf het architectenbureau Willem Steenvoorden uit Boskoop de opdracht voor het ontwerp, de aanbesteding en de leiding van het project. Dit bureau beschikt niet alleen over grote ervaring in de restauratie van monumentenpanden, maar ook over de benodigde vergunningen voor het restaureren van bijzondere historische gebouwen. Het bureau Nieuwenburg Adviseurs uit Rijswijk kreeg de verantwoordelijkheid voor het ontwerp van de technische installaties. Het totaalontwerp voor de restauratie en de saneringswerkzaamheden werd in nauwe afstemming met de Rijksdienst voor de Monumentenzorg in Zeist gemaakt. Voor detailvragen op restauratiegebied, vooral als het ging om de restauratie van schilderingen en stucwerk, heeft het BBR bovendien het *Rheinisches Amt für Denkmalpflege* in Pulheim ingeschakeld, dat een jarenlange ervaring op dit gebied heeft opgebouwd met de restauratie van kastelen in het Rijnland.

ren Objekten durchgeführt hatten, erfolgte die Ausschreibung der Restaurierungs- und Sanierungsarbeiten in Form einer beschränkten Ausschreibung unter sieben deutschen und niederländischen Generalunternehmungen. Für die Ausschreibung wurde eine funktionale Leistungsbeschreibung gewählt, bei der sich die Beschreibung im Wesentlichen auf das zu erzielende Bauergebnis konzentriert, während die Art der technischen Umsetzung weitestgehend den Bietern überlassen blieb. Die Bieter sollten bei dieser Maßnahme ein Höchstmaß an technischer und organisatorischer Erfahrung mit einbringen. So konnte bereits zu einem sehr frühen Zeitpunkt, wie es in den Niederlanden durchaus üblich ist, eine intensive Diskussion zwischen Planern, Auftraggeber und Baufirma über die Art und Weise der Ausführung initiiert werden. Von den sieben aufgeforderten Unternehmen gaben zwei ein Angebot ab. Die Firma MBN aus Georgsmarienhütte hatte das technisch und wirtschaftlich günstigste Angebot unterbreitet, das deutlich unterhalb der genehmigten Kosten lag. Sie erhielt somit im November 2001 den Auftrag für die Sanierungsmaßnahme.

Bereits im Rahmen der Auftragsgespräche hatte die Firma MBN aus wirtschaftlichen und restauratorischen Gründen vorgeschlagen, auf die ursprünglich geplante Entfernung der alten Farbschichten auf den Stuckaturen und des Firnisses auf dem Gemälde von Philip van Dijck im Gelben Salon zu verzichten. Daraufhin führte die Firma MBN in enger Zusammenarbeit mit dem Rheinischen Amt für Denkmalpflege eingehende Untersuchungen des Deckengemäldes im Gelben Salon durch. Mit Hilfe von Laservermessungen wurde geklärt, dass die im Laufe der Zeit eingetretene Durchhängung des Decken-

Bij een eerste openbare aanbesteding werden de inschrijvers vooral beoordeeld op hun ervaring met restauratiewerkzaamheden aan vergelijkbare objecten. Hierna volgde een gesloten aanbesteding van de restauratie- en saneringswerkzaamheden onder zeven bouwbedrijven uit Duitsland en Nederland. Voor de aanbesteding werd uitgegaan van een functionele bouwbeschrijving, waarbij de nadruk lag op het uiteindelijke resultaat. De technische uitvoering werd zoveel mogelijk overgelaten aan de intekenaren, die voor dit project dus moesten beschikken over een grote technische en organisatorische ervaring. Op deze wijze kon al in een zeer vroeg stadium, zoals dat in Nederland gebruikelijk is, een intensief overleg op gang komen tussen ontwerpers, opdrachtgever en aannemer over de manier waarop het project moest worden uitgevoerd. Twee van de zeven uitgekozen bedrijven leverden een offerte in. De firma MBN uit Georgsmarienhütte kwam, zowel in technisch als in economisch opzicht, met de gunstigste offerte en bleef daarbij duidelijk onder de toegestane kosten. Dit bedrijf kreeg dan ook in november 2001 de opdracht voor de saneringswerkzaamheden.

In het kader van de gesprekken over het verlenen van de opdracht had MBN al om economische en restauratorische redenen voorgesteld af te zien van het verwijderen van de oude verflagen van het stucwerk en van het vernis van de schildering van Philip van Dijck in de Gele Salon, zoals oorspronkelijk gepland. MBN voerde vervolgens in nauwe samenwerking met het *Rheinisches Amt für Denkmalpflege* een nauwkeurig onderzoek uit naar de plafondschildering in de Gele Salon. Met behulp van lasermetingen werd duidelijk dat de plafondschildering in de gemäldes im Gelben Salon nicht weiter fortschreitet und somit auf die ursprünglich vorgesehenen zusätzlichen Befestigungsmaßnahmen verzichtet werden konnte. Darüber hinaus waren sich die Fachleute einig, dass der Firnis auf dem Gemälde zwar schon zu einem Großteil nachgedunkelt sei, jedoch auch gerade unter restauratorischen Gesichtspunkten zum jetzigen Zeitpunkt auf eine Firnisabnahme verzichtet werden sollte, da eine solche zugleich die darunterliegenden Farbschichten angreife. Somit beließ man es bei einer Reinigung der Gemäldeoberfläche. Auch bei den Stuckaturen ergaben genauere Untersuchungen, dass diese noch eine ausreichende Plastizität aufweisen. Es konnte so auf eine Entfernung der vorhandenen Farbschichten verzichtet werden. Die Stuckaturen wurden in Teilbereichen restauriert, ergänzt und mit einem dünnen lasierenden Farbanstrich überzogen. Der enorme Zeit- und Kostenaufwand für die Farbentfernung hätte in keinem sinnvollen wirtschaftlichen Verhältnis zu den damit erzielten geringfügigen Verbesserungen der plastischen Struktur in den Stuckaturen gestanden. Um die räumliche Wirkung der Stuckarbeiten in herausgehobenen

Geographie. Supraporte im Spiegelkabinett. Grisailles auf Blattgold.

Gele Salon, die in de loop van de jaren was gaan doorhangen, nu stabiel was en dat er daarom ook kon worden afgezien van oorspronkelijk geplande extra maatregelen ter versteviging. Bovendien waren de experts het erover eens dat het vernis van de schildering weliswaar grotendeels donkerder was geworden, maar dat juist vanuit oogpunt van restauratie moest worden afgezien van het verwijderen van dit vernis, omdat daardoor de onderliggende verflagen zouden kunnen worden aangetast. Men beperkte zich derhalve tot het schoonmaken van het geschilderd oppervlak. Ook het stucwerk bleek bij nader onderzoek nog voldoende detaillering te vertonen en dus kon men ervan afzien de aanwezige verflagen te verwijderen. Het stucwerk werd op bepaalde plekken gerestaureerd, aangevuld en van een dunne afwerklaag voorzien. De enorme investering in tijd en geld die het verwijderen van de verflagen zou hebben gekost, had niet in verhouding gestaan tot het geringe effect dat ermee zou kunnen worden behaald wat betreft het verbeteren van de plastische structuur van het stucwerk. Om het driedimensionale effect van het stucwerk in de geaccentueerde gedeelten,

Deurstuk in het Spiegelkabinet. Grisailles op bladgoud.

Bereichen, insbesondere in der großen Halle im zweiten Stock und im Grünen Salon im Erdgeschoss, zu erhöhen, wurde hier eine zurückhaltende Mehrfarbigkeit bei der Beschichtung gewählt. Wie Farbuntersuchungen gezeigt haben, entspricht diese Behandlung der Stuckaturen dem historischen Befund, der allerdings bei der Sanierung in den 1960er Jahren entfernt worden war.

In diesem Zusammenhang entschied man zudem, dass die Vergoldungen an den Holzvertäfelungen ebenfalls nicht komplett erneuert werden. Zum einen hätte dies einen zusätzlichen Kostenaufwand und zum anderen den Verlust der vorhandenen Patina bedeutet. Auch hier wurde lediglich eine Reinigung und eine Ergänzung der Vergoldung in Teilbereichen vorgenommen. Insgesamt folgte das BBR somit dem Wunsch der Denkmalpflege, eine sehr zurückhaltende Restaurierung und Sanierung unter weitgehender Beibehaltung der vorgefun denen historischen Baubestände durchzuführen.

Die Gebäudetechnikplaner verzichteten ebenfalls weitgehend auf die Neuinstallation der haustechnischen

Mathematik. Supraporte im Spiegelkabinett. Grisailles auf Blattgold.

Mathematica. Deurstuk in het Spiegelkabinet. Grisailles op bladgoud.

vooral in de grote hal op de eerste verdieping en in de Groene Salon op de begane grond, te versterken werd hier bij het schilderen voor een ingetogen kleurige afwerking gekozen. Onderzoek van de verflagen heeft uitgewezen dat deze behandeling van het stucwerk strookt met de historische situatie die echter bij de restauratie in de jaren '60 was verwijderd.

In verband hiermee besloot men bovendien het verguldsel aan de houten lambrisering eveneens niet geheel te vernieuwen. In de eerste plaats zou dit enorme kosten met zich meebrengen en bovendien zou dit het verlies van het aanwezige patina betekenen. Ook hier werd het verguldsel slechts gereinigd en op sommige plekken aangevuld. Door deze zeer terughoudende restauratie en sanering gaf het BBR gehoor aan de wens van Monumentenzorg en hield het de historische situatie zoals die was aangetroffen zoveel mogelijk intact.

Ook de technische installaties werden niet volledig nieuw geïnstalleerd, omdat dit aanzienlijke ingrepen in het historische pand zou betekenen. Zo werden voor de verwarmingsinstallatie en de luchtverversing de bestaande leidingen en ventilatiekanalen en de bijbehorende door-

Anlagen, da dies erhebliche Eingriffe in die historische Bausubstanz bedeutet hätte. So wurden bei der Heizungs- und Lüftungsanlage die vorhandenen Leitungen und Kanäle sowie die dazugehörigen Schlitze und Durchbrüche wieder verwandt. Hierdurch konnten nicht nur die Kosten gesenkt, sondern auch die Eingriffe in das Gebäude minimiert werden. Dies hatte jedoch zur Folge, dass bei den technischen Anlagen gewisse Kompromisse im Hinblick auf die Funktionalität eingegangen werden mussten. Die Aufgabe der Klimaanlage besteht in erster Linie darin, die Gleichmäßigkeit von Temperatur und Luftfeuchtigkeit in den Räumen sicherzustellen, um die wertvollen Gemälde und Wandvertäfelungen keinen unnötigen Klimaschwankungen auszusetzen. Hierbei war jedoch zu bedenken, dass das Gebäude vielfältige Funktionen als Wohngebäude für eine mehrköpfige Familie und vor allem auch als Residenz des deutschen Botschafters erfüllen muss. Diese Anforderungen stehen sich teilweise diametral entgegen. Verlangt z. B. das gleichbleibende Raumklima zum Erhalt der Kunstgegenstände geschlossene Türen und Fenster, so erfordert auf der anderen Seite ein gesellschaftlicher Empfang des Botschafters eine ungehinderte und offene Verbindung zwischen allen Empfangsräumen und eventuell dem Innenhof. Die vorgefundene Klimaanlage arbeitete mit Luftauslassöffnungen im Bereich der

Geschichte. ADV signiert und 1727 datiert. Supraporte im neuen Treppenhaus. Grisailles auf Blattgold.

braakpunten en luchtopeningen opnieuw gebruikt. Hierdoor konden niet alleen de kosten worden verminderd, ook de ingrepen in het gebouw zelf konden tot een minimum worden beperkt. Dit had echter tot gevolg dat er bij de technische installaties enkele compromissen moesten worden gesloten wat betreft de functionaliteit. De klimaatbeheersingsinstallatie dient in de eerste plaats te zorgen voor een gelijkmatige temperatuur en luchtvochtigheid in de vertrekken, zodat de waardevolle schilderijen en de lambriseringen niet aan onnodige klimaatschommelingen worden blootgesteld. Men moet hier echter bij bedenken dat het gebouw verschillende functies moet vervullen; als woonhuis voor een gezin van enkele personen, maar vooral ook als residentie van de Duitse ambassadeur. Deze eisen staan gedeeltelijk lijnrecht tegenover elkaar. Voor een constant binnenklimaat om de kunstvoorwerpen te conserveren, moeten de deuren en ramen dicht blijven, maar als de ambassadeur een receptie houdt, is juist een open verbinding tussen de verschillende ontvangstruimtes noodzakelijk en eventueel een uitloopmogelijkheid naar de binnenplaats. De klimaatbeheersingsinstallatie die men aantrof, had ventilatieopeningen bij de vensternissen. Bij de sanering werden deze openingen opnieuw gebruikt en gecompleteerd

De Geschiedenis, gemonogrammeerd ADV en gedateerd 1727. Deurstuk in het nieuwe trappehuis. Grisailles op bladgoud.

Fensternischen. Im Rahmen der Sanierung wurden diese Luftauslässe wieder verwendet und durch darüber angeordnete Klimageräte (Fancoils) ergänzt, die die einströmende Luft durch Abkühlen bzw. Erwärmen nachbehandeln. Luftauslassöffnungen und Klimageräte sind im Bereich der Fensterbrüstungen durch Holzabdeckungen kaschiert. Auf diese Weise konnte eine wirtschaftliche Kombination von statischem Heizsystem, das für die Raumtemperierung verantwortlich ist, und geregelter Zuführung von konditionierter Frischluft erreicht werden. Mit der ausgeführten Klimaanlage fand man eine Lösung, die die verschiedenen Anforderungen bestmöglich vereint und dabei optisch in dem historischen Gebäude kaum in Erscheinung tritt.

Im Rahmen der Sanierungsmaßnahmen stieß die Firma MBN an einigen Stellen im Gebäude unerwartet auf asbesthaltige Materialien, die höchstwahrscheinlich aus der

Supraporten von Mattheus Terwesten im Arbeitszimmer.

Deurstukken door Mattheus Terwesten in de Werkkamer.

door klimaatregelingsapparaten (fancoils) die boven de luchtopeningen werden aangebracht om de binnenstromende lucht na te behandelen door deze te koelen dan wel te verwarmen. De luchtopeningen en klimaatregelingsapparatuur bij de borstwering onder de vensters worden door houten betimmeringen aan het gezicht onttrokken. Op deze manier heeft men een zuinig systeem van statische verwarming die de ruimten op temperatuur houdt en een geregelde toevoer van behandelde frisse lucht kunnen realiseren. Met dit klimaatregelingssysteem is men optimaal tegemoetgekomen aan de verschillende eisen die werden gesteld en optisch is de installatie in het historische pand nauwelijks opvallend.

Tijdens de saneringswerkzaamheden stuitte het bouwbedrijf MBN op enkele plekken op asbesthoudend materiaal, dat waarschijnlijk gebruikt was bij de renovatie in de jaren ’60. Het

124

Zeit der Sanierungsmaßnahmen der 60er Jahre stammen. Es handelte sich hierbei um Plattenauskleidungen im Bereich der offenen Kamine in den Empfangsräumen, um einige Fensterbänke im Neubau sowie um Dichtungsflansche in den Heizungsrohren im Kellergeschoss. Nach Einschaltung eines Gutachters und einer entsprechenden Fachfirma konnten diese Materialien aus dem Gebäude entfernt bzw. im Kellergeschoss fachgerecht gesichert werden. Die hierfür notwendigen Zusatzkosten ließen sich innerhalb des Gesamtkostenrahmens auffangen. Auch der Fertigstellungstermin der Baumaßnahme verzögerte sich durch diese zusätzlichen Maßnahmen nicht.

Insgesamt gelang es dem BBR, in enger Zusammenarbeit mit den Planern, der ausführenden Firma und der Botschaft, die umfangreichen und teilweise schwierigen Restaurierungs- und Sanierungsmaßnahmen mit 2,85 Millionen Euro, d.h. unterhalb der veranschlagten Kosten, abzuschließen. Zudem wurde der Terminrahmen eingehalten und das Gebäude nach einer knapp fünfzehnmonatigen Bauzeit im Februar 2003 der Botschaft wieder übergeben.

Wand der oberen Halle. Historisches Foto. In der Nische steht noch die ursprüngliche Plastik, wahrscheinlich Terpsichore, die Muse des Tanzes.

Büste der Venus, Athena und Diana. Medallions im großen Salon (obere Halle).

Wand van de grote (bovenvestibule). Historische opname. In de nis staat nog het oorspronkelijke beeld dat waarschijnlijk de muze van de dans, Terpsichore voorstelt.

Borstbeeld van Venus, Athena en Diana. Medallion in de grote salon (bovenvestibule).

ging om de plaatbekleding bij de schouwen in de ontvangstruimten, enkele vensterbanken in het nieuwe gedeelte en om afdichtingsflenzen in de verwarmingsbuizen in de kelder. Er werd een deskundige ingeschakeld en een gespecialiseerd bedrijf heeft het materiaal verwijderd of, zoals in de kelder, vakkundig afgedekt. De extra kosten die hierbij ontstonden, konden worden opgevangen binnen de begrote kosten. Ook veroorzaakte dit alles geen vertraging bij de oplevering van het project.

Al met al is het BBR erin geslaagd om in nauwe samenwerking met de ontwerpers, het uitvoerende bedrijf en de ambassade de omvangrijke en deels moeilijke restauratie- en saneringswerkzaamheden voor 2,85 miljoen euro te realiseren. Men is dus onder de begrote kosten gebleven en ook kon de geplande opleveringsdatum worden aangehouden. Na bijna vijftien maanden van restauratiewerk werd het gebouw in februari 2003 weer aan de ambassade overgedragen.

Dr. Rudolphine Eggink, (*1951), Studium der Kunstgeschichte an der Rijksuniversiteit Leiden, Abschluss 1981. Promotion an der Technischen Universiteit Delft 1998 mit der Dissertation „Ir J.B. van Loghem, architect van een optimistische generatie". Tätigkeit als Research-Mitarbeiterin im Kunsthandel, heute freiberufliche Kunsthistorikerin und Autorin.

Dr. Horst Lademacher, Prof. em. der Westfälischen Wilhelms-Universität Münster für Neuere und Neueste Geschichte und Niederlande-Kunde, nach Habilitation an der Universität Bonn folgte er mehreren Rufen an die Vrije Universiteit Amsterdam, die Universität des Landes Hessen in Kassel sowie an die Universität Münster, dort auch von 1990 bis 1999 Direktor des Zentrums für Niederlande-Studien; forschte und lehrte zur Geschichte des Kalten Krieges und zur Vorgeschichte der Bundesrepublik sowie zur Rheinischen Geschichte, vor allem aber zu Themen der niederländischen und belgischen Geschichte von der frühen Neuzeit bis hin zur Zeitgeschichte.

Dr. Gabri van Tussenbroek (*1969), Studium der Kunstgeschichte und Mediävistik an der Universiteit Utrecht, Abschluss 1995. Promotion an der Universiteit Utrecht 2001 mit der Dissertation „Bouwen voor stad en land. Overzicht van het handelsnetwerk van de familie van Neurenberg in de Noordelijke en Zuidelijke Nederlanden (1480–1640)". Van Tussenbroek ist heute Postdoktorand im Graduiertenkolleg Kunstwissenschaft – Bauforschung – Denkmalpflege der Technischen Universität Berlin. Einer seiner Forschungsschwerpunkte liegt bei niederländischen Ingenieuren und Architekten im Berlin und Brandenburg des siebzehnten Jahrhunderts.

Till Bermbach (*1956) studierte Architektur und Städtebau an der Rheinisch Westfälischen Technischen Hochschule (RWTH) in Aachen. Nach zweijähriger Vorbereitungszeit in Berlin folgten mehrere Projektleitungen bei der Bundesbaudirektion in Bonn und eine zehnjährige Tätigkeit im Bundesbauministerium im Rahmen des Bonn-Berlin-Umzuges der Bundesregierung. Seit Ende 1999 ist Herr Bermbach Referatsleiter für die Bauten in Europa im Bundesamt für Bauwesen und Raumordnung in Bonn.

AUTOREN

AUTEURS

Dr. Rudolphine Eggink werd geboren in 1951 in Haarlem en voltooide in Den Haag gymnasium a. Zij rondde in 1981 haar studie kunstgeschiedenis aan de RU Leiden af met als afstudeerrichting kunstnijverheid. In 1998 promoveerde zij bij de TU Delft op proefschrift Ir J.B. van Loghem, architect van een optimistische generatie. Mevrouw Eggink is een twaalftal jaren werkzaam geweest als research-medewerker van een kunsthandel en is tegenwoordig freelance onderzoeker en schrijver.

Dr. Horst Lademacher is emeritus hoogleraar nieuwere en nieuwste geschiedenis en Nederland-Studies aan de Westfälische Wilhelms-Universität in Münster. Na zijn habilitatie aan de universiteit van Bonn was hij als hoogleraar verbonden aan achtereenvolgens de Vrije Universiteit in Amsterdam, de universiteit van de deelstaat Hessen in Kassel en aan de universiteit Münster, waar hij van 1990 tot 1999 directeur was van het Zentrum für Niederlande-Studien. Zijn onderwijs- en onderzoeksgebieden zijn: de geschiedenis van de Koude Oorlog en de voorgeschiedenis van de Bondsrepubliek Duitsland, de geschiedenis van het Rijnland, maar vooral de vroegmoderne en contemporaine geschiedenis van Nederland en België.

Dr. Gabri van Tussenbroek (*1969), studie kunstgeschiedenis en mediëvistiek aan de Universiteit Utrecht, afgesloten 1995. Promotie aan de Universiteit Utrecht in 2001, met het proefschrift Bouwen voor stad en land. Overzicht van het handelsnetwerk van de familie van Neurenberg in de Noordelijke en Zuidelijke Nederlanden (1480–1640). Van Tussenbroek is tegenwoordig postdoc-onderzoeker binnen het Graduiertenkolleg Kunstwissenschaft – Bauforschung – Denkmalpflege aan de Technische Universität Berlin. Een van zijn onderzoekszwaartepunten vormen Nederlandse ingenieurs en architecten in Berlijn en Brandenburg in de zeventiende eeuw.

Till Bermbach (*1956) studeerde architectuur en stedenbouw aan de Rheinisch Westfälische Technische Hochschule in Aken (RWTH). Na een voorbereidingsperiode van twee jaar in Berlijn, was hij verschillende keren projectleider bij de Bundesbaudirektion in Bonn en hij was tien jaar lang werkzaam bij het Bundesbauministerium in het kader van de verhuizing van de bondsregering van Bonn naar Berlijn. Sinds eind 1999 is de heer Bermbach hoofd van de afdeling Duitse overheidsgebouwen in Europa van het Bundesamt für Bauwesen und Raumordnung te Bonn.

BILDNACHWEIS

ILLUSTRATIEVERANTWOORDING

© Jos van Leeuwen, Den Haag
Seite | bladzijde: 48|49, 73, 75, 82, 83, 93, 94

© Helmuth Kloth Design, Gelsenkirchen und Berlin
Umschlag | Omslag, Fontispiz | pagina 2, Seite | bladzijde: 15, 42, 45, 46, 51, 60, 63, 70, 71, 78 rechts, 84, 85, 86, 87, 89, 90, 91, 92, 95, 97, 99, 100, 102, 103, 104, 106, 107, 109, 111, 112, 113, 120, 121, 122, 123, 125

© Rijksdienst voor de Monumentenzorg, Zeist
Seite | bladzijde: 50, 56, 57, 64, 69, 74, 77, 78 links, 80, 81, 82 unten | beneden, 88, 96, 105, 108, 114, 124

© Gemeente Archief Den Haag
Vorsatz | Boekband

© Paleis Het Loo, Apeldoorn
Seite | bladzijde: 52, 53

© Auswärtiges Amt, Politisches Archiv
Seite | bladzijde: 32, 38, 39

© Stiftung Preußische Schlösser und Gärten Berlin Brandenburg, Potsdam
Seite | bladzijde: 18, 25

© Gabri van Tussenbroek, Berlin
Seite | bladzijde: 79, 101

Umschlag | Omslag
Fassade von Haus Schuylenburch
De gevel van het Huis Schuylenburch
Büste der Venus in der großen Halle
Borstbeeld van Venus in het groot salon

Vorsatz | Boekband
Blick auf den Lange Vijverberg, Zeichnung von Daniel Marot junior (erste Hälfte 18. Jahrhundert)
Gezicht op de Lange Vijverberg von Daniel Marot jr. (eerste helft 18e eeuw)

Frontispiz | Pagina 2
Fassade von Haus Schuylenburch
De gevel van het Huis Schuylenburch

Herausgeber | Uitgever
Auswärtiges Amt, Berlin und Bundesamt für Bauwesen und Raumordnung, Bonn

Redaktion und Projektleitung im BBR | Redactie en projectleiding binnen het BBR
Dr. Olaf Asendorf

Übersetzung ins Niederländische | Vertaling in het Nederlands
Johanna Roodzant und|en probicon programming and translation

Übersetzung ins Deutsche | Vertaling in het Duits
Dr. Gabri van Tussenbroek

Gestaltung | Vormgeving
Birgit Haermeyer

Produktion | Productie
Marcus Muraro

Reproduktionen und Druck | Lithografie en druk
Rasch, Bramsche

Erschienen im DuMont Literatur und Kunst Verlag, Köln

ISBN 3-8321-7525-3
Printed in Germany